AUGUSTE SEIGLE

10 dissertations sur les espaces du tourisme et des loisirs

Capes / Agrégations Histoire / Géographie

ISBN : 9781717777195

TABLE DES MATIÈRES

AVANT-PROPOS

Bon nombre de candidats éprouvent des difficultés à construire leur réflexion géographique. Ce livre a pour objectif de donner des exemples concrets de dissertations sur des sujets qui pourraient potentiellement tomber. Les candidats peuvent trouver dans les dissertations des exemples concrets à remobiliser, le plus souvent issus de la littérature scientifique récente. Ces dissertations complètes (à l'exception des croquis), leur offrent aussi un aperçu global de la construction d'une dissertation, de l'introduction à la conclusion.

Une préparation efficace s'appuie sur un certain nombre d'exemples et d'études de cas. Se préparer tout au long de l'année des études de cas très important. Les meilleures études de cas sont celles que l'on peut mobiliser sur plusieurs sujets potentiels. Ainsi, certaines études de cas sont utilisées dans plusieurs dissertations.

Introduction : les principales règles à respecter pour la dissertation en géographie sur ce sujet.

Aux concours de l'enseignement, la dissertation en géographie nécessite une préparation sérieuse. Les candidats qui ont dans leur parcours essentiellement étudié de l'histoire doivent consacrer près de deux tiers de leur temps à la géographie, afin de rattraper leur retard. Un candidat ayant une bonne maîtrise des questions de géographie au programme et une solide méthode de géographe fera forcément la différence lors des épreuves écrites et orales.

L'espace, les acteurs, les concepts

Une dissertation de géographie doit s'intéresser à l'espace. Cette évidence est trop souvent oubliée ou méconnue d'un grand nombre de candidats des concours. Ainsi, chaque année les correcteurs déplorent un nombre important de copies ne parlant pas de l'espace des sociétés, traitant ainsi le sujet donné sous un angle socio-économique ou historique. Certes, il est pertinent de mobiliser les notions et approches des autres sciences humaines. Mais cette mobilisation doit uniquement servir à décrire et analyser l'espace des sociétés. Concrètement, le candidat traitant un sujet de dissertation en géographie doit obligatoirement se poser des questions sur la localisation des phénomènes et leurs conséquences sur l'espace des sociétés. La question « pourquoi ici et pas ailleurs ? » est fondamentale.

Concernant la thématique au programme sur les espaces du tourisme et des loisirs, une telle question doit clairement mettre l'accent sur les explications sociales. Ainsi, le succès des plages de la Côte d'Azur n'est pas tant à trouver du côté du climat, mais plutôt du fait de la proximité avec des foyers de population, ou encore de l'histoire des pratiques touristiques de cette destination et de l'imaginaire en découlant. Des milliers de plages répondant aux critères de la culture touristique mondialisée (*sea, sand, sun*) sont désertées par les touristes. Cela amène donc à considérer l'espace comme une construction sociale. L'enjeu d'une dissertation de géographie est de démontrer cela.

L'espace est ainsi façonné par les sociétés. Au sein de celles-ci, ce sont les acteurs qui jouent un rôle stratégique. Or, les rapports de jury sur les concours de ces dernières années soulignent le peu d'intérêt porté par les candidats sur les acteurs. Parler des acteurs, expliquer leur positionnement, leurs représentations spatiales, leur stratégie, permet à coup sûr de valoriser sa copie. Il convient d'insister sur la diversité des acteurs, façonnant les espaces du tourisme et des loisirs : grandes compagnies hôtelières (Mariot, Hilton…), aériennes (Air France…), entreprises des loisirs (Compagnie des Alpes, Groupe Disney, TUI, Club Med….), collectivités locales, Etats, partis politiques, ONG (dénonçant par exemple un « tourisme de masse » au nom de la « protection de l'environnement ») etc… Les acteurs peuvent être donc d'importance variée, selon l'échelle mobilisée : groupe international ou hôtelier indépendant. Une seule personne très influente peut être un acteur, à l'instar d'une personnalité du show-business se rendant dans une station balnéaire peu connue, conduisant à sa popularité. Enfin, et il convient de ne pas les oublier dans les copies, les premiers acteurs des espaces du tourisme sont les touristes ! Comme l'a très bien montré Jean-Didier Urbain, le touriste est au cœur de l'organisation de son voyage.

Enfin, la géographie est une science qui s'appuie sur des concepts pour décrire le réel. Les mobiliser dans une copie de dissertation de géographie est fondamental. Des phénomènes comme la métropolisation, la désaisonnalisation ou encore la transition mobilitaire sont au cœur de la fabrication des espaces du tourisme et des loisirs. Il convient ainsi de se familiariser avec ces concepts et de les illustrer par des études de cas pertinentes.

L'importance des études de cas dans la dissertation de géographie

Une copie de dissertation doit comprendre de nombreux exemples qui appuient la démonstration d'ensemble. Ces exemples sont les études de cas. Sur une thématique telle que le tourisme, il convient de mobiliser des exemples variés sur le plan géographique. Une erreur commune est de se contenter d'exemples français ou européens. Il ne faut pas hésiter à mobiliser des exemples du monde entier. De même, il convient d'éviter des exemples trop anecdotiques, ne permettant guère une mise en généralité.

L'étude de cas doit être minutieusement décrite. Citer l'espace en question n'est guère suffisant. Il faut le décrire au moins à l'échelle locale, parler des principaux acteurs, des dynamiques structurantes etc… Il doit avoir au moins une étude de cas dans chaque sous-partie. Il est possible de remobiliser une étude de cas à plusieurs reprises (c'est l'exemple filé, qui lorsqu'il est construit, plait aux correcteurs). Les études de cas les plus détaillées de la copie doivent aussi être illustrées par un croquis.

vii

₁ *Les espaces du tourisme et des loisirs littoraux*

Dans l'imaginaire commun, les vacances évoquent d'abord une plage sous un soleil radieux. Cette vision puise aussi bien dans les grandes références historiques, à l'instar des premiers congés payés en France, que dans les désirs d'exotisme exprimés par les touristes de la culture récréative mondialisée. Dans cette perspective, les espaces littoraux apparaissent comme des espaces intensément façonnés par le tourisme, entendu ici comme un système d'acteurs, de pratiques et d'espaces qui participent à la 'recréation' des individus par le déplacement et l'habiter temporaire hors des lieux du quotidien" (<u>Rémy Knafou et Mathis Stock, "Tourisme", dans Jacques Lévy et Michel Lussault, Dictionnaire de la géographie et de l'espace des sociétés,</u>) et par les loisirs, c'est-à-dire l'ensemble des activités récréatives s'exerçant autant dans l'espace local et le temps du quotidien, que dans l'espace-temps du tourisme. Un espace littoral doit s'entendre comme un espace soumis au milieu de la mer. Il comprend un avant-pays maritime et un arrière-pays terrestre. Ainsi, un espace littoral est loin de se cantonner au trait de côte, ou même à la plage, quand bien même cette dernière serait, dans une perspective récréative, l'espace le plus convoité au sein des littoraux. L'articulation très étroite entre récréation des individus et espaces littoraux est une évidence trompeuse. Elle semblerait aller de soi, comme si les littoraux porteraient en eux des ressources d'ordre naturel, figées et déterminantes. Or, une telle évidence cache une intense construction sociale derrière les espaces littoraux du tourisme et des loisirs. Ainsi comment s'explique, sur le plan des représentations, des pratiques et aménagements, la persistance du succès des espaces littoraux dans la prise en charge de la récréation des individus ? En quoi ce succès cache-t-il une pluralité de territorialités récréatives sur les littoraux alors qu'en même temps une logique de standardisation des pratiques est à l'œuvre ?

Les littoraux sont les espaces les plus convoités par le tourisme et le loisir. Partout dans le monde s'impose un usage récréatif des littoraux quoiqu'à des degrés divers. Les raisons de ce succès sont multiples et s'articulent de manière subtile avec la diffusion d'une culture touristique mondialisée. Aussi, ces espaces sont encore pratiqués d'une manière plurielle, en dépit des dynamiques d'homogénéisation à l'œuvre. Enfin, les critiques adressées aux formes les plus spectaculaires du tourisme et des loisirs constituent surtout des facteurs de transformation et d'adaptation des espaces littoraux aux nouvelles exigences sociales, plutôt qu'une menace sérieuse pour la pérennité du modèle balnéaire de la récréation.

Les littoraux représentent la principale catégorie d'espace récréative, du fait du tourisme balnéaire qui est la forme de tourisme la plus répandue dans le monde. Ce tourisme balnéaire est nourri par un imaginaire aussi fort que partagé, par un décor (la mer et la côte), des pratiques propres ou du moins très identifiées à cet espace, telles que la baignade, le bronzage, la promenade ou des sports extérieurs.

Aussi, les espaces littoraux du tourisme et des loisirs constituent à la fois les zones récréatives les plus dynamiques et intenses des grands foyers touristiques mondiaux tout en étant un objet de désir en dehors de ces grands foyers, car ils sont pétris d'exotisme. Dans cette perspective, les littoraux sont façonnés à la fois par les référents de la culture touristique mondialisée, notamment le fameux trinôme de la plage, le *sea, sand sun* (<u>La plage, un objet géographique de désir, Jérôme Lageiste</u>), et par des référents locaux, constituant des repères culturels ou de folklore. Par exemple, Emmanuelle Peyvel analyse comment la station touristique de la plage de Mui Ne a été aménagée de manière à convenir aux codes esthétiques occidentaux, ménageant les repères fondamentaux (électricité, eau courante, sanitaire à l'Occidental) de ces touristes internationaux tout en restituant une ambiance considérée comme asiatique (toits de palme et bois sombre). Aussi, les aménagements à l'extérieur opérés par les locaux ont créé une ambiance exotique conforme à leurs attentes, requalifiant ainsi l'usage des cocotiers (d'une fonction productive à une fonction décorative) (<u>Emmanuelle Peyvel Mui Ne (Vietnam) : deux approches différenciées de la plage par les touristes occidentaux et domestiques</u>).

Cet exemple souligne ainsi la puissance de l'imaginaire de la récréation sur les littoraux. L'espace littoral ayant des fins récréatives est profondément désiré collectivement. L'imaginaire partagé est fondé sur des pratiques, comme la baignade et le bronzage, un relâchement des normes sociales (tolérance quant à l'exposition des corps), le plaisir des sens (chaleur, sensation du sable et de l'eau, cocktails…). Cet imaginaire permet ainsi la fabrication d'espaces standardisés qui se diffusent.

Il est donc nécessaire d'appréhender les espaces littoraux du tourisme et des loisirs en termes dynamiques, car ces espaces sont en grande expansion à partir d'un modèle balnéaire occidental. Aux espaces littoraux déjà anciens de la Floride, de la Californie, du sud-est australien de la Côte d'Azur, de la Manche ou de la Mer du Nord en France et en

Belgique, succèdent aujourd'hui des espaces plus nouveaux : rive sud de la Méditerranée (Hammamet en Tunisie), Phuket en Thaïlande, Maldives, Dubaï… Cette expansion se fait en articulation étroite avec la mondialisation, la démocratisation des moyens de transport, la convergence des modes de vie, etc. Elle se traduit par la construction d'aménagements standardisés en bord de mer : front de mer articulé autour d'une promenade, port de plaisance, grands hôtels, plages artificielles, bars, clubs de danse. Plus en retrait du bord de mer, mais toujours dans le littoral, d'autres équipements récréatifs voient le jour, comme des golfs, centres commerciaux, parcs à thèmes, etc. Cette diffusion est parfois appelée bénidormisation, en référence à la station balnéaire espagnole de Bénidorm, station en pleine expansion verticale depuis les années 60.

Dans cette perspective, la transformation des espaces littoraux aménagés à des fins récréatives est spectaculaire. Si la dimension récréative des littoraux est parfois fortement ancienne, à l'instar des côtes italiennes, plébiscitées pour leur beauté depuis l'Antiquité, l'ampleur des aménagements destinés à valoriser et développer cette dimension est, elle, en revanche, profondément inédite et sans précédent. L'exemple le plus spectaculaire est certainement celui de Dubaï, dont la stratégie de développement métropolitaine est aujourd'hui fondée sur sa station touristique : les zones de Palm island et de The World comprennent plusieurs complexes hôteliers et équipements touristiques. L'Hôtel Burj-al-Arab constitue l'équipement le plus emblématique avec son architecture en forme de voile et ses 202 suites doubles (<u>Les hyperéquipements du tourisme de Bath à Dubaï Gérard Beaudet</u>). Gérard Beaudet souligne l'écart remarquable entre l'intérêt relatif de la ressource – le littoral – et la taille des installations destinées à son exploitation. Cet exemple montre ainsi non seulement la puissance des références culturelles occidentales dans les pratiques récréatives sur le littoral, références qui alimentent aujourd'hui une culture touristique mondialisée, mais aussi l'articulation entre espaces récréatifs littoraux et production d'urbanité. En effet, ces espaces façonnés par les canons touristiques dominants façonnent des espaces urbains.

Ainsi, la culture touristique mondialisée tend à se décliner d'une manière à la fois standardisée et ancrée dans les référents culturels locaux ou dans les représentations qu'en ont les touristes internationaux. Cette diffusion se traduit d'abord sur le plan des équipements, en articulation avec la mondialisation : cette dynamique est aussi productrice d'urbanité. Néanmoins, les pratiques récréatives des espaces littoraux sont nettement plus diverses que ne le laisse supposer l'homogénéisation des infrastructures et équipements de tourisme et loisirs.

Les pratiques récréatives demeurent à l'échelle mondiale, profondément plurielles sur les espaces littoraux, même si les pratiques occidentales sont en expansion. Les usages des espaces littoraux à des fins récréatives sont particulièrement divers.

Emmanuelle Peyvel analyse le fonctionnement profondément dual de la plage de Mui Ne, entre d'une part, une partie de la plage fréquentée par des touristes occidentaux, et d'autre part des Vietnamiens, les deux groupes étant nettement spatialement séparés par quelques kilomètres. Les formes de sociabilité diffèrent : restreintes à la famille nucléaire ou au groupe d'amis pour les Occidentaux, elles sont en revanche plus collectives pour les Vietnamiens. La mer, si elle constitue un lieu attractif pour les deux groupes, elle est plus diversement pratiquée par les Occidentaux (nage, sports nautiques), alors qu'elle ne sert parfois que de source de rafraichissement pour les Vietnamiens. Aussi, ces derniers se distinguent des premiers par leur non-utilisation de la plage. En effet, le bronzage n'est pas, contrairement à la culture occidentale, valorisé. À l'inverse, les Vietnamiens utilisent largement des halls où ils sont abrités du soleil par des tôles et où mangent et discutent à l'ombre. C'est sous ces halls que sont disposés chaises et hamacs.

Cet exemple rappelle à quel point les pratiques récréatives demeurent plurielles, en dépit de la diffusion d'une culture touristique mondialisée, via Internet, des films, des clips de musique ou tout simplement par les voyageurs mobilisant cette culture. Mais cette culture de récréation n'est elle-même guère figée. Ainsi, si les pratiques récréatives littorales classiques, telles que se baigner, bronzer, contempler un lever ou un coucher de soleil sur la mer, faire une randonnée ou promenade littorale, demeurent des fondamentaux, il existe une tendance à la diversification croissante des activités. Cela tient précisément à l'un des principes de cette culture : la recherche permanente de nouveautés et d'exotisme. Ainsi, des activités nouvelles émergent régulièrement dans ces espaces, activités qui génèrent des territorialités inédites, se superposant à celles déjà existantes. Anthony Simon montre par exemple, à travers la trajectoire de la station d'Argelès-sur-Mer, la tendance à la diversification des pratiques, impulsée par les différents aménagements des acteurs du tourisme. L'exemple le plus spectaculaire est donné par la plage hors-sol. Cet équipement permet l'accès à un point d'eau à des fins récréatives dans les campings de la station. Ainsi, la plage naturelle est moins fréquentée, puisqu'une partie des touristes utilise ces plages hors-sol. D'autres équipements diversifient significativement les pratiques récréatives : les fêtes foraines (comme le Luna Park), les parcs d'attractions, les rues commerçantes… La variété de ses usages contemporains conduit aussi à des distinctions sociales : certaines plages sont actuellement utilisées par des groupes sociaux plus favorisés, logeant dans des meublés ou hôtels et évitant les campings. (Anthony Simon, Itinéraire d'une plage méditerranéenne : Argelès-sur-Mer)

Pour les professionnels, les objectifs sont bien d'attirer un maximum de segments de clientèles (jeunes, familles, personnes âgées…) un maximum de temps. Ainsi, dans les régions tempérées, un enjeu de la diversification est de maintenir la fonction récréative des espaces littoraux en dehors de l'été : c'est la stratégie de la désaisonnalisation. C'est dans cette optique que des stations balnéaires construisent des équipements utilisables en permanence, à l'instar des thalassothérapies, ou encore développement des projets culturels pour maintenir une économie tournée vers la récréation des individus. Cette dynamique participe bel et bien à la production d'urbanité, puisqu'il s'agit d'offre une densité de services récréatifs maximale. L'offre se transforme en fonction des saisons, permettant ainsi des mises en scène des littoraux à des fins récréatives multiples.

Pourtant, cette course à la diversification entre en contradiction avec une partie de l'imaginaire partagé de l'espace littoral mis en récréation. En effet, le « paradis balnéaire » doit s'offrir comme un espace de *wilderness*, et préservé de l'action des hommes : il s'incarne parfaitement dans la plage polynésienne ou des Seychelles. Cet imaginaire motive donc chez certains touristes et excursionnistes des stratégies : la recherche de la plage déserte est pratiquée par des touristes et résidents, qui empruntent pour cela des chemins peu connus ou utilisent des bateaux pour se rendre dans des criques retirées. Les acteurs du tourisme tentent aussi d'exploiter cet imaginaire : l'insularité est ainsi perçue comme une ressource territoriale, puisqu'elle donne l'impression d'isoler le vacancier du reste du monde. De grands hôtels de luxe parviennent à concilier offre diversifiée et isolement. L'île-hôtel de Randheli, dans l'archipel des Maldives constitue un exemple remarquable : l'isolement spatial est porté à sa logique paroxystique, en particulier pour la « villa du propriétaire », complètement isolé des autres chambres sur un ilot. Mais cet isolement permettant de pratiquer le littoral seul, en adéquation avec l'imaginaire de plage déserte, se double d'une offre de service très étoffée. En effet, l'hôtel de l'île, le Cheval Blanc, propose à ses clients des activités nautiques, un centre de remise en forme, un spa, un espace jeu pour les enfants, etc. Si cet exemple n'est que peu imité dans le monde, il montre en revanche de manière exacerbée, la manière dont diversification des pratiques et recherche d'une récréation dans un « environnement désert » façonnent l'aménagement des espaces littoraux du tourisme et des loisirs.

Enfin, les pratiques au sein des espaces littoraux récréatifs sont de plus en plus marquées par la montée de la sensibilité envers le développement durable. Certaines pratiques sont ainsi tournées vers la découverte du milieu marin, comme la pêche à pied, l'observation d'oiseaux. Certains littoraux particulièrement protégés peuvent ainsi constituer des pôles d'attraction. C'est typiquement le cas de l'île de Porquerolles, qui intégrée au sein du parc national de Port-Cros, reçoit pourtant plus d'un million de visiteurs par an (avec un pic de fréquentation estival très marqué). L'attrait de l'ile est précisément de pouvoir pratiquer un tourisme balnéaire dans un cadre considéré à la fois comme prestigieux et préservé.

Les pratiques récréatives au sein des espaces littoraux poursuivent une dynamique ambigüe. Si d'un côté, la tendance à la diversification est largement confirmée, la progression d'une culture touristique mondialisée pourrait tendre à faire converger des pratiques à l'échelle mondiale. Pourtant, la diversité des territorialités récréatives sur les littoraux entre les cultures est encore une caractéristique majeure. Les pratiques pourraient également évoluer du fait des critiques ciblant les tourismes et loisirs des littoraux et des adaptations en découlant.

Les espaces littoraux sont perçus comme les espaces archétypiques du tourisme de masse. Si cette vision doit être nuancée- tous les espaces littoraux ne sont pas marqués par le tourisme de masse-, il n'en demeure pas moins certains aménagements, à l'instar des stations intégrées et situations, à l'instar certains pics de fréquentation en été, sont particulièrement critiqués par un nombre croissant d'acteurs. Ainsi, les espaces littoraux doivent être aussi appréhendés comme des espaces de conflits autour de leurs usages et identité.

Les grands équipements, à l'instar des stations intégrées issues de la Mission Racine en France, sont perçus de manière croissante, comme des espaces trop artificialisés, peu authentique et enraciné. Cette critique est en pleine expansion. Elle valorise ainsi des destinations littorales considérées comme préservées. Ainsi, l'écrivain norvégien Aril Molstad a souligné que la ville de Dubrovnik sur le littoral croate a pu construire sa réputation de destination branchée sur une certaine nostalgie de la Méditerranée d'autrefois. Or, précisément, Dubrovnik a été transformée et est encore transformée par le tourisme de masse. Le mécanisme de mutation de la ville s'enclenche dès la fin de la guerre, quand le tourisme apparait comme une solution de développement pour une population ruinée. Le classement à l'UNESCO de la ville, alors qu'il est fondé sur des objectifs de protection patrimoniaux, a eu en partie les effets inverses. Dubrovnik est ainsi devenue, aux yeux de sa propre population comme une ville gâchée par le tourisme de masse. Aril Molstad rapporte ainsi que la population croate s'inquiète à propose de son identité nationale, menacée selon elle par le tourisme de masse (Où partir avant qu'il ne soit trop tard ? Arild Molstad)

Il n'existe pas de critères objectifs pour quantifier ou qualifier une situation de tourisme de masse sur un espace. Ce sont les sociétés qui sur le plan politique, une sensibilité, un seuil qu'il ne faudrait pas dépasser. Mais ce seuil, toujours subjectif est déterminé par les intérêts de chaque acteur : le tourisme de masse n'est pas perçu de la même par des hôteliers que par des riverains. Toujours est-il que les espaces littoraux sont profondément marqués par ces conflits, et paradoxalement, ce sont actuellement les territoires perçus comme authentiques, profondément façonnés par des cultures locales fortes et considérés comme préservés du tourisme qui sont les plus susceptibles d'accueillir des conflits. Les conflits peuvent s'exprimer à travers des manifestations comme les mobilisations « Tourist go home » observées à Barcelone ou Venise.

Il convient de souligner qu'une part des conflits entre touristes et sociétés locales vient précisément de l'accès aux ressources récréatives des espaces littoraux. Ainsi, Caroline Blondy a dans ses enquêtes de la population de Bora-Bora mis en évidence les critiques portées contre les grands hôtels se développant sur le littoral de l'ile, en dépit des apports en termes d'emplois et de revenus (<u>Le tourisme, un facteur de développement durable des territoires insulaires tropicaux ? Tourisme, aménagement, environnement et société locale à Bora Bora (Polynésie française) Caroline Blondy</u>). Si une forte majorité de la population demeure favorable au développement touristique et donc des hôtels, nombre de résidents déplorent les effets d'exclusion spatiale des plus beaux lieux de baignade et pique-nique, ou la complexification des itinéraires sur le littoral. L'effet de dépossession se fait aussi ressentir, certains riverains estimant que les « étrangers » leur volent leur ile.

Les tensions ou les conflits ne surgissent pourtant pas automatiquement. Emmanuelle Peyvel analyse les raisons de l'absence de conflits territoriaux entre Vietnamiens et occidentaux sur la plage de Mui Ne. Les deux groupes ont eu suffisamment d'espace pour se ménager un territoire touristique conforme à leurs goûts. Cet exemple invite donc à éviter des généralisations hâtives sur le potentiel conflictuel des espaces littoraux, puisque chaque espace est traversé par des fonctionnements territoriaux différents.

Les activités récréatives peuvent aussi générer des conflits face à d'autres fonctions du territoire. En Tunisie, le tourisme littoral prélève une quantité colossale d'eau, alors que les ressources hydriques du pays sont particulièrement limitées. Cette situation amène à des restrictions d'eau pour les agriculteurs.

Touristes, récréatifs et acteurs professionnels et institutionnels prennent en compte de manière croissante les conflits et critiques du tourisme de masse sur le littoral. Ainsi, ces conflits et critiques agissent comme des facteurs de mutations des espaces littoraux. Pour bons nombres d'acteurs des espaces littoraux, le tourisme de masse présente un danger. Ils impulsent en conséquence des politiques visant explicitement à entraver son développement. C'est typiquement le cas de certaines politiques drastiques environnementales. Par exemple, dans la péninsule d'Osa de nombreux acteurs ont pour stratégie d'éviter le développement du tourisme de masse. Ils s'appuient pour cela sur la protection de la nature. Le parc national du Corcovado est l'un de ces acteurs. En raison d'une ouverture géographique croissante, la direction du parc estime que la maitrise de la fréquentation du parc constitue un enjeu de protection majeure. L'accès aux plages est notamment particulièrement contrôlé, afin de préserver les écosystèmes côtiers et permettre la reproduction des tortues marines. Dans le même temps, la ville de Pueto Jimenez devient de plus en plus dépendante de l'économie touristique. En fait, en dépit de la prise en compte de la massification du tourisme, le parc national semble avoir des difficultés à poursuivre ses objectifs de limitation de la fréquentation. Pourtant, il n'est guère certain que la péninsule d'Osa connaisse un tourisme de masse, à l'instar des grandes balnéaires comme Cancún ou Acapulco. En effet, ce qui limite l'essor d'un tourisme est l'achat massif des terres par de riches Américains, qui construisent de grandes villas, avec de vastes terrains. Certaines de ces propriétés comprennent notamment une réserve écologique privée, assurant ainsi une fonction de protection de la faune et de la flore. Pourtant, l'objectif est ailleurs : les acheteurs américains font l'acquisition de ces propriétés à des fins récréatives. Ils souhaitent profiter du climat, de la nature et de la plage. Par conséquent, l'acquisition de réserves écologiques privées doit plus se voir comme une stratégie de préservation de l'entre-soi, limitant de fait une démocratisation du tourisme, plutôt que l'expression d'une volonté de protection de la nature complètement désintéressée.

Pour autant, le tourisme de masse est parfois largement accepté dans de nombreuses sociétés. Les perceptions négatives de ce dernier sont niées ou dépassées par des réappropriations visant à enchanter les espaces récréatifs littoraux. C'est en partie dans cette perspective que doit s'interpréter le classement en « Patrimoine du XXe siècle », la ville-station de la Grande-Motte dans l'Hérault en 2010, ou celles du Cap d'Agde de Port-Leucate ou Port-Barcarès en 2011. En effet, la patrimonialisation concrétise une forme d'attachement à ces ensembles architecturaux pourtant très vivement critiqués. Aussi, ces villes-stations sont aujourd'hui dynamisées par des migrations d'agréments, alors qu'elles avaient d'abord été conçues comme des villes fondées sur les vacances d'été. Il est donc excessif de considérer les espaces littoraux les plus marqués par le tourisme de masse comme enfermés dans des schémas déterministes sans perspective d'innovation de la part des sociétés.

La permanence du succès des espaces littoraux dans le champ de la récréation des individus masque des recompositions territoriales et sociales profondes. Premièrement, l'offre géographique d'espace littoral mis en tourisme ou en loisir ne cesse de s'étendre à l'échelle mondiale. Cette extension s'accompagne de la diffusion de modèles de territorialités imprégnés par la culture touristique mondialisée, même si actuellement d'autres usages récréatifs persistent. Ainsi, le succès du littoral est largement partagé. La diversification de ces espaces, largement fondée sur le dépassement de la ressource balnéaire, est une autre tendance lourde. Les effets spatiaux sont nombreux : enracinement culturel des villes-station, production d'urbanité, conflits d'usages… Même les critiques adressées aux aménagements et pratiquement permettent in fine une transformation très dynamique de ces espaces. Les littoraux sont donc particulièrement appropriés par les acteurs du tourisme et des loisirs.

Les espaces ruraux du tourisme et des loisirs

Dans l'imaginaire récréatif, si le littoral est associé au bleu de la mer et la montagne au blanc de ses pentes enneigées en hiver, l'espace rural, ou plutôt sa représentation fantasmée appelée communément campagne, est associé à la couleur verte. Ce vert évoque des pâturages et des forêts et s'oppose au gris de la ville. Ce vert rassure et apporte un bol d'oxygène et de nature.

Cet imaginaire associant largement l'espace rural à un espace récréatif est en expansion. Il structure l'offre touristique et de loisir des campagnes. Nature et tranquillité sont perçues comme des qualités rurales, car précisément l'espace rural se définit en négatif par rapport à la ville. Les seuils diffèrent selon les pays. En France, ce seuil est de 2000 habitants pour une commune. Mais plus qu'une querelle de chiffres, l'espace rural doit être appréhendé comme une catégorie d'espace ayant une faible urbanité (faible densité d'hommes et faible densité d'activité). Pourtant, cette urbanité des espaces ruraux est actuellement revalorisée, justement par les tourismes et les loisirs. Le tourisme doit être compris comme un système d'acteurs, de pratiques et d'espaces qui participent à la 'recréation' des individus par le déplacement et l'habiter temporaire hors des lieux du quotidien" (Rémy Knafou et Mathis Stock, "Tourisme", dans Jacques Lévy et Michel Lussault, Dictionnaire de la géographie et de l'espace des sociétés,). Au singulier, le loisir réfère au temps affranchi des exigences du temps contraint, en particulier du temps travaillé. Au pluriel, les loisirs se réfèrent à l'ensemble des activités récréatives s'exerçant autant dans l'espace local et le temps du quotidien, que dans l'espace-temps du tourisme.

Ainsi, tourisme et loisirs agissent sur les espaces ruraux. Le phénomène est quasiment mondial, car presque tous les espaces ruraux ont en leur sein des fonctions récréatives. L'ampleur est plus forte en Occident et dans les pays et régions développés, certes, mais le modèle est en cours de diffusion. Pourtant, certains espaces ruraux sont particulièrement touchés par ce tournant récréatif. Ce sont clairement ces espaces qui peuvent être qualifiés d'espaces ruraux du tourisme et des loisirs. Leur nature et leurs dynamiques interrogent d'autant plus que leur émergence s'inscrit dans un monde de plus en plus urbain, dans ses valeurs et dans ses normes. Dans ce cas, comment sont construits sur le plan des imaginaires et des aménagements les espaces ruraux du tourisme et du loisir ? Dans quelle mesure le fait urbain transforme-t-il la campagne en un vaste espace récréatif qui lui est attaché ? Enfin, quelles sont les dynamiques d'homogénéisation et de diversification de ces espaces du fait de leur tournant récréatif ?

L'espace rural est mis en tourisme et en loisir, car il se singularise par l'imaginaire de la campagne, porteur d'aménités naturelles et de référents identitaires pour des sociétés de plus en plus urbaines. D'ailleurs, les mutations spatiales des espaces ruraux générés par le tourisme et les loisirs dépendent largement de leurs rapports aux villes, en particulier les grandes métropoles. Enfin, des phénomènes d'homogénéisation par la diffusion d'équipements standardisés s'observent en même que des dynamiques de diversification.

Les espaces ruraux, contrairement à d'autres espaces à l'instar des littoraux, ne se singularisent pas par des pratiques récréatives spécifiques (elles sont multiples), mais plutôt d'abord par un imaginaire, celui de la campagne. La campagne est bien, un objet de représentation et de consommation récréative, porteurs d'aménités naturelles et chargé de valeurs affectives et patrimoniales. Roger Béteille notait en 2000 la référence aux valeurs de nature et de paysage dans le tourisme vert, se pratiquant dans les espaces ruraux (<u>Le Tourisme vert, Roger Béteille</u>).

Cet usage récréatif des espaces ruraux est courant dans le monde occidental, mais il se diffuse, quoique sous d'autres formes dans les autres régions du monde. Au fur et à mesure que les sociétés se développent, les pratiques récréatives des espaces ruraux croissent, pratiques qui valorisent un imaginaire de la campagne très fort. L'exemple de la Chine est à ce propos assez éclairant. Timothy Leicester a montré comment Yangshuo, avec ses paysages ruraux, constituait un haut-lieu du tourisme domestique chinois (<u>Conflits et enjeux identitaires dans le tourisme rural à Yangshuo, Chine. Timothy Leicester</u>). Cette localité a aussi été louée dans la littérature traditionnelle du voyage du pays. C'est en effet un « mingsheng » ou « site pittoresque célèbre ». Timothy Leicester rappelle que ce terme de mingsheng a été repris par l'État pour construire un réseau de sites touristiques, légitimés par la tradition du touriste lettrée d'autrefois. De plus, Timothy Leicester note qu'une majorité de la population chinoise considère que seul un mingsheng peut être un site touristique. Il y a donc bien une projection de valeurs culturelles dans les mingshengs comme celui de Yangshuo, montrant ainsi une dimension identitaire du tourisme dans les espaces ruraux.

À propos de la Chine, Emmanuel Véron a développé une réflexion autour de l'articulation entre identité, tourisme et nouvelles pratiques dans l'espace rural. Il note que l'espace rural que les citadins chinois partent découvrir fait sens pour leur construction identitaire : dans cette campagne, ils peuvent retrouver des éléments qui les permettent de se sentir chinois. (<u>Les espaces ruraux touristiques dans le delta du Yangzi, entre intégration ville-campagne et développement rural. Emmanuel Véron.</u>). Les éléments concrets d'identification sont à la fois la nourriture, le labeur des paysans, la terre. Emmanuel Véron évoque ainsi un tourisme des racines, ayant une dimension religieuse (renouer le lien rituel avec les ancêtres)

Les espaces ruraux sont aussi particulièrement appréciés par les touristes et excursionnistes pour l'usage hédoniste de la nature qu'ils permettent. Cet usage est particulièrement fort en Occident, alors que les préoccupations environnementales et l'aspiration à une vie plus proche de la nature deviennent de plus en plus centrales dans les sociétés européennes et américaines. Aussi, ces préoccupations et aspirations se traduisent actuellement dans les choix résidentiels d'un nombre croissant d'individus : ce sont les migrations d'agréments.

La géographe américaine Laurence Moss (<u>Amenity Migration Transforming Rural Culture, Economy and Landscape 2014</u>) a produit un travail majeur depuis les années 80 pour théoriser les migrations d'agréments. Cette théorisation s'appuyait sur le constat d'un renversement des tendances démographiques dans de nombreux espaces ruraux américains. Ces espaces ruraux gagnent de nouveaux habitants du fait des aménités qu'ils proposent à des populations de plus en plus sensibles à celles-ci. En partant de l'idée que c'étaient ces aménités qui conduisaient des populations à s'installer dans des régions moins dynamiques sur le plan économique, Laurence Moss a théorisé l'existence de facteurs facilitateurs et motivateurs, permettant l'existence des migrations d'agréments. Les facteurs facilitateurs sont l'amélioration signification des réseaux de transports et de communication ou encore des infrastructures résidentielles, alors que les facteurs motivateurs concernent l'intérêt croissant porté pour la nature, la spiritualité et les loisirs. En effet, l'amélioration globale des conditions matérielles des sociétés (en termes de transport, d'accès à l'eau, à l'électricité) permet à un nombre croissant d'individus d'intensifier et de complexifier leurs pratiques récréatives ; outre l'amélioration des conditions matérielles, l'évolution des sensibilités, des goûts et des loisirs notamment au sein des classes aisées et supérieures et des retraités, constitue le facteur fondamental du développement de mode de vie, de pratiques. Dans ce contexte, les espaces ruraux, au même titre que les espaces montagnards ou encore certains littoraux peu urbanisés sont de plus plébiscités.

Les migrations d'agréments expliquent largement la hausse des prix de l'immobilier dans certains espaces ruraux français pourtant relativement éloignés de grands bassins d'emplois, le Lubéron constituant l'exemple le plus remarquable. Ainsi, dans le contexte français, la renaissance rurale théorisée par Bernard Kayser (<u>La Renaissance Rurale,</u>

sociologie des campagnes du monde occidental, 1990) s'appuie sur l'importance accrue prise par l'économie présentielle (Laurent Davezies. La République et ses territoires : la circulation invisible des richesses 2008), grâce au développement d'une nouvelle sensibilité envers les aménités naturelles de la campagne. Or, cette économie présentielle, du fait notamment de l'augmentation des migrations d'agréments, est en train de supplanter les modèles économiques forgés par le tourisme, alors même que la fonction récréative des espaces ruraux s'accentue. On ne peut donc résumer la consommation des espaces ruraux à des fins récréatives à des pratiques touristiques classiques avec hébergement temporaire (hôtels, campings, gîtes, chambres d'hôte…) : le mouvement est bien plus profond et touche également les stratégies résidentielles.

Aussi, l'imaginaire récréatif de la campagne nécessite un aménagement assez lâche. Les équipements du tourisme et des loisirs dans les espaces ruraux ont donc une répartition diffuse, contrairement aux littoraux et aux montagnes, dotés de resorts et de stations touristiques. En plus, une bonne part des pratiques récréatives s'inscrivent en dehors d'un cadre marchand. Il en est ainsi des visites d'amis ou de la famille résidant à la campagne. Ainsi, le fait récréatif est relativement peu visible, car il s'inscrit dans un espace de plus en plus plurifonctionnel. Ce dernier trait est d'ailleurs ce qui rend désirable les espaces ruraux pour de nombreux récréatifs : la campagne parait plus authentique que les littoraux et stations de ski très aménagés pour la récréation des individus. L'imaginaire campagnard est donc largement opérant dans le façonnement récréatif des espaces ruraux.

Les espaces ruraux sont largement perçus comme potentiellement récréatifs, car ils sont associés à un imaginaire de nature et d'authenticité. Ce sont les acteurs de ces espaces qui, par l'activation de ressources territoriales, capitalisent sur ces représentations. Ce succès des espaces ruraux interroge tout de même, alors que le monde devient de plus en plus urbain.

L'urbanisation est un processus attesté à l'échelle mondiale. Le monde devient donc de plus en plus urbain : les villes et leur mode de vie prennent une importance croissante. Le succès des espaces ruraux comme espace récréatif doit donc être perçu comme une contre-tendance. Dans cette perspective, il convient d'interroger les liens entre le monde urbain, pourvoyeurs de touristes et de récréatifs, et les espaces ruraux, qui servent de plus en plus d'extension à la ville à des fins de consommation d'espaces récréatifs.

Il est d'ailleurs remarquable d'observer que les pratiques récréatives dans les espaces ruraux se diffusent depuis les villes. Par exemple, Shanghaï, grande métropole chinoise de près de 25 millions d'habitants, structure tout le tourisme rural dans sa région. Emmanuel

Véron a analysé la géographie des pratiques des récréatifs. Les excursionnistes à la journée ne s'aventurent que rarement au-delà de 100km depuis Shanghaï. Cette distance permet tout de même de se rendre au lac Taï, lac qui dispose d'une offre touristique complète, mais plutôt adaptée aux courts séjours. Le lac est apprécié, car il offre une image archétypale de la campagne chinoise, avec un paysage d'eau et des céréales. À l'ouest du lac, dans la province de l'Anhui, des villages sont en cours de restauration pour correspondre aux goûts des citadins de la mégapole chinoise, en particulier ceux situés le long des axes routiers. Dans cette province, située à environ 150km de Shanghaï, ce sont des courts séjours de 2 ou 3 jours qui sont plébiscités. Certains citadins aisés s'y rendent même en avion, notamment pour visiter le massif de Huangshan. Dans la partie nord, correspondant à la basse vallée du Yangzi (mais en amont de Shanghaï), l'espace rural voit des flux venir de d'autres villes : Nankin et Suzhou.

Le cas de Shanghaï est valable pour toutes les métropoles et villes moyennes des pays développés. Des citadins ayant de hauts revenus cherchent à intégrer dans leur vie, des pratiques récréatives dans les espaces ruraux pour se dépayser quelques heures ou quelques instants de la ville. Cette dynamique illustre ainsi une nouvelle attractivité pour les espaces ruraux proches de grands pôles urbains. Certains acteurs d'espaces ruraux qui se retrouvent dans cette configuration tentent clairement de valoriser ce potentiel, en s'appuyant sur des références connues pour les touristes et excursionnistes. Ainsi, Sylvie Jolly a montré comment des professionnels du tourisme de Champagne tentaient d'exploiter la proximité avec Paris pour faire venir des touristes dans la région, autour du champagne. Cette politique vise également à faire venir des touristes internationaux : l'articulation entre le produit champagne et le luxe à la française à Paris permet de faire un lien avec le terroir de cet alcool en Champagne. Dans cette perspective, les touristes se déplaceraient dans le cadre de mobilités secondes depuis Paris. L'auteure note pourtant que les retombées de cette stratégie sont pour le moment mitigées : l'espace rural n'est que trop vite fréquenté, il n'y a pas de conséquences significatives pour la Champagne (peu de nuitées, pas de retombées avec les transports, etc.). Cet exemple montre ainsi une véritable domination d'une métropole sur ses espaces ruraux alentour (<u>Paris-Champagne, polarisation et rayonnement : enjeux d'une supra métropolisation touristique. Sylvie Jolly</u>[1]).

Les grandes métropoles sont aussi les territoires les mieux connectés à l'échelle mondiale aux espaces ruraux. En effet, à contrecourant des espaces ruraux situés à proximité immédiate des villes et métropoles, d'autres espaces ruraux façonnés par la culture touristique mondialisée émergent comme des destinations cotées : la route 66 de Chicago à Los Angeles, aux États, les grands espaces de la Patagonie en Argentine, les

---

[1] Fait l'objet d'un chapitre dans ce livre : GRAVARI-BARBAS, Maria et FAGNONI, Edith. *Métropolisation et tourisme. Comment le tourisme redessine Paris*. Paris, Belin Collection Mappemonde, 2013.

landes d'Écosse ou d'Irlande, les champs de lavande en Provence… Toutes ces destinations sont d'abord accessibles aux habitants aisés des grandes métropoles. Ainsi, les espaces ruraux sont aménagés en fonction des attentes et des valeurs de ces touristes des métropoles. Dans la culture citadine occidentale, l'accent est largement mis sur l'authenticité. Selon cette valeur, le patrimoine doit renvoyer à des fondements historiques et être esthétique, l'utilité de ce dernier passant souvent au second plan. De même, la très forte sensibilité des citadins aux questions environnementales amène les acteurs du tourisme et des loisirs à intégrer des éléments de durabilité dans leurs séjours : respect de normes d'économie d'énergie et d'eau, activités en lien avec la découverte du milieu naturel…

Ces exigences des citadins pour l'authenticité et la préservation de la nature entrent en contradiction apparente avec d'autres exigences antagonistes : les espaces ruraux doivent, pour être récréatifs, être dotés d'un minimum d'infrastructures de transport (routes, gares, aéroport), d'hébergement et de restauration (hôtels, chambres d'hôte, épicerie, centre commercial…). En somme, les espaces ruraux ne peuvent développer une économie récréative qu'à la condition d'avoir une urbanité minimale, conforme aux souhaits des touristes et excursionnistes. Cette donnée explique largement pourquoi les régions rurales enclavées et peu peuplées demeurent encore peu marquées par le fait récréatif. Les citadins ont ainsi besoin de repères d'urbanité, même sur leur lieu de récréation. Ainsi, la dynamique d'un front touristique dépend en grande partie de la capacité des acteurs locaux à répondre aux besoins d'urbanité des voyageurs.

En Indonésie, l'intégration des minorités ethniques rurales passe notamment par le développement d'une activité touristique (<u>La culture, comme ressort de la diffusion touristique dans l'archipel indonésien Christine Cabasset</u>) Les communautés rurales ont ainsi, dans une large autonomie de moyens, l'injonction de développer des infrastructures correspondant aux normes de confort des voyageurs occidentaux (Hôtels avec toilettes modernes, boutiques avec nourriture diversifiée, activités sportives occidentales comme le rafting…). Il s'agit donc bien d'un alignement des standards occidentaux, en suivant la logique de l'urbanité : la densité maximum de service est recherchée. Dans cette optique, Bali est présentée comme un modèle. En effet, en dehors du littoral, le centre de l'ile a pour être mis en tourisme grâce à la création de grands resorts, conformes aux goûts des Occidentaux. Il est d'ailleurs remarquable de noter que la géographie touristique rurale de Bali est surtout structurée par un axe allant de Denpasar au sud à Singaraja sur la route Nord. En dehors de cet axe, les infrastructures touristiques sont beaucoup moins denses, alors que les ressources territoriales mises en avant par les voyageurs passionnés par Bali et par les professionnels du tourisme (spécificité culturelle, végétation luxuriante…) existent aussi dans ces marges. Ce qu'il manque à ces périphéries, ce sont des services et équipements rappelant un mode de vie urbain à l'occidental.

Les espaces ruraux du tourisme et des loisirs sont donc incontestablement sous influence urbaine. Néanmoins, cette influence se greffe à d'autres dynamiques, qui tendent à reconfigurer les territorialités de ces espaces pour les sociétés.

Paradoxalement, les espaces ruraux sont marqués par des dynamiques d'homogénéisation et une diversification. L'homogénéisation s'appuie sur la convergence des modes d'aménagements récréatifs : les façons de restaurer, héberger et même distraire les touristes et excursionnistes à la campagne deviennent à peu près les mêmes. Partout dans le monde, sous l'impulsion d'une culture touristique mondialisée, les acteurs du tourisme et des loisirs adoptent peu ou prou les mêmes référents et équipements. C'est dans ce sens où l'homogénéisation s'opère.

Cette homogénéisation masque pourtant de véritables tendances à la diversification des espaces ruraux, du fait de leur mise en tourisme et en loisir. Outre le fait que tous ne profitent pas avec la même intensité de ce tournant récréatif, comme l'illustrent les disparités internes au sein de Bali, la course aux ressources territoriales induit une multiplication des spécificités régionales.

En effet, bien que la recherche de ressources territoriales soit un objectif largement partagé dans le monde par les acteurs des espaces ruraux qui cherchent une mise en valeur récréative de leur territoire, cette course conduit in fine à une différenciation accrue des espaces ruraux. La stratégie reprend pourtant partout les mêmes codes.

Ainsi, pour permettre l'éclosion et le développement d'activités récréatives, pour touristes ou excursionnistes, les acteurs des espaces ruraux misent sur l'activation de ressources territoriales, entendues ici comme des objets et des valeurs mobilisés par les acteurs participant à la production de territoire. Les acteurs des espaces ruraux peuvent en effet produire des ressources comme des paysages esthétiques, des produits de terroirs et reconnus comme enracinés (agriculteurs), ressources qui vont entrer en synergie avec d'autres, comme des hébergements de qualité, des activités diversifiées (randonnée, accrobranche…), pour produire un territoire désirable et voulu par les touristes et les excursionnistes.

Cette dynamique d'activation des ressources territoriales est particulièrement forte en France. Emmanuel Roux, Dominique Vollet et Bernard Pecqueur ont ainsi analysé comment des acteurs dans les Baronnies d'une part ou dans l'Aubrac d'autre part, ont construit une stratégie de développement cherchant à dépasser la crise des systèmes productifs agricoles locaux en misant sur l'activation de ressources territoriales. Cette activation passe par la valorisation de la filière d'un produit alimentaire particulièrement ancré dans le territoire : l'huile d'olive pour les Baronnies, le fromage pour l'Aubrac. Autour de ces produits, sont valorisés des paysages (champs d'oliviers, pâturages), des restaurants du terroir, des fêtes, des musées, permettant l'émergence d'un secteur touristique et récréatif, fondé sur la découverte de ces deux territoires, de leurs acteurs, leur culture et leurs produits (<u>Coordinations d'acteurs et valorisation des ressources territoriales. Les cas de l'Aubrac et des Baronnies. Emmanuel Roux, Dominique Vollet et Bernard Pecqueur</u>).

L'idée fondamentale est de se démarquer. À une échelle plus globale, cela conduit à une course exacerbée à la différence entre les territoires. Ainsi en République Tchèque, après une période de nivèlement des spécificités régionales, une prise en compte des avantages comparatifs des espaces ruraux par les individus, les entreprises ou la société en général, expliquerait selon Pascal Chevalier, les différentes trajectoires suivies par les campagnes (<u>Bases économiques et développement rural en République Tchèque Pascal Chevalier</u>). Chaque territoire, en fonction de ses ressources, tend à se spécialiser dans un type de production de richesse (agricole, industrielle, tertiaire). À l'échelle nationale, partout le tourisme est en plein essor à la campagne (notamment l'agritourisme), quoiqu'à des intensités différentes. Aussi, comme les acteurs locaux activent des ressources territoriales, les campagnes tchèques tendent à se diversifier. Ainsi, dans la haute-vallée de l'Elbe, le tourisme rural se fonde sur le thermalisme, le travail du cuir et du cristal, l'artisanat d'art, revalorisant au passage ces filières économiques et en le replaçant dans une perspective de production pour la récréation des individus de passage sur les territoires. À l'inverse, en Sumava, près de la Bavière allemande, le tourisme qui est en plein essor prend appui sur une base agricole traditionnelle en déclin. L'élevage extensif et les forêts fournissent un cadre naturel largement valorisé par les acteurs locaux pour développer l'agritourisme. Depuis 1998, le tourisme constitue, dans cette région, le cœur de la base économique pour plus de 78 % des exploitations agricoles. La région profite également du nouveau contexte international (intégration réussie à l'UE, ouverture sur l'Allemagne depuis la fin de la période communiste). La région de la Bohême centrale axe plutôt sa stratégie de développement touristique en misant sur sa proximité avec Prague, etc. Toutes ces dynamiques de diversification, très étroitement articulées avec les évolutions politiques et économiques du pays, démontrent bien tourisme et loisirs, du fait de leur poids économique et social, sont en somme, capables de produire de nouvelles territorialités pour les sociétés rurales.

L'atout des espaces ruraux dans l'offre récréative est d'être dans une contre-tendance totale par rapport à un monde de plus en plus urbanisé. Les sociétés citadines viennent justement découvrir un envers idéalisé à leur environnement urbain dans la campagne. Ils voient cette dernière comme un lieu préservé et gardant les identités nationales et régionales. En somme, l'espace rural est désirable pour leur récréation, car il serait authentique. Cette authenticité qui ne va de soi, est en fait une construction sociale, qui est perpétuellement façonnée par les acteurs locaux qui activent certaines ressources territoriales. Ces ressources sont particulièrement mises en avant quand l'espace rural en question est susceptible d'accueillir d'énormes flux de touristes et d'excursionnistes, comme à proximité des métropoles ou à l'autre bout du monde. Pourtant, ces consommateurs de campagne ont besoin aussi de référents pour ne pas rompre totalement avec leur mode de vie. En somme, ils ont besoin d'un minimum d'urbanité, et cette dernière arrive dans les espaces ruraux par le tourisme et les loisirs. Il y a donc bel et bien une dynamique d'homogénéisation en même temps qu'une diversification des espaces ruraux, qui, de plus en en plus multifonctionnels, sont appropriés et gouvernés par des acteurs de plus en plus soucieux de l'image, de l'histoire du territoire. Cela sera-t-il perçu comme simplement du marketing territorial ou bien comme une rupture majeure dans l'histoire des espaces ruraux ? La réponse se tient dans l'évolution de sensibilité d'une société récréative mondialisée de plus en plus exigeante quant à ses pratiques au vert.

Les espaces du tourisme et des loisirs en montagne

Une publication de l'INSEE parue en 2013 plaçait la Savoie comme premier département touristique en part dégagée par le tourisme au sein de la part de richesse totale. Cette étonnante place souligne l'importance prise par l'espace montagnard dans le tourisme et les loisirs. Elle interroge bien des représentations, alors que la pratique récréative de la montagne est souvent perçue, à tort ou à raison comme un luxe réservé aux couches supérieures de la société.

La montagne est un objet géographique difficile à cerner, bien qu'elle évoque des représentations et des images parfaitement claires. En effet, il est délicat de proposer une limite conventionnelle avec les zones situées en plaine. Si on admet que la montagne commence au-delà de 500 mètres, ce critère n'est nullement universel : il peut être considéré comme plus bas dans certains pays comme au Royaume-Uni, mais surtout beaucoup plus haut dans les pays tropicaux. Dans cette perspective, la montagne doit être comprise comme un espace situé plus haut que la plaine environnante, marqué par un relief important, ainsi qu'un mode de vie s'opposant plus ou moins fortement à celui d'en bas. Aujourd'hui, les espaces, c'est-à-dire des portions de la surface terrestre, de la montagne sont de plus en plus transformés par le tourisme, entendu ici comme un système d'acteurs, de pratiques et d'espaces qui participent à la 'recréation' des individus par le déplacement et l'habiter temporaire hors des lieux du quotidien" (<u>Rémy Knafou et Mathis Stock, "Tourisme", dans Jacques Lévy et Michel Lussault, Dictionnaire de la géographie et de l'espace des sociétés,</u>) et les loisirs, c'est-à-dire à l'ensemble des activités récréatives s'exerçant autant dans l'espace local et le temps du quotidien, que dans l'espace-temps du tourisme. Cette transformation est profonde, car elle valorise des espaces et des moments (notamment la saison hivernale) jusque-là considérés sans grande utilité par les sociétés locales. Il y a donc une rupture, et cette rupture est opérée par des acteurs plutôt extérieurs à la montagne, car plutôt urbains. Il y a donc une appropriation à des fins récréatives de la montagne par une société urbaine. Dans ce cas comment la montagne est-elle réinventée pour devenir un espace dédié au tourisme et au loisir, par des sociétés de plus en plus urbaines dans le cadre d'une mondialisation des pratiques récréatives ? Dans quelle mesure les espaces récréatifs de la montagne sont-ils profondément dynamiques et traversés par des territorialités diverses ?

La montagne évoque un imaginaire récréatif aussi riche que partagé, qui est d'ailleurs loin de se borner à la pratique des sports d'hiver. Cet imaginaire s'incarne pour les récréatifs dans des espaces et des pratiques. Pourtant, la production des espaces touristiques et de loisirs de la montagne se fait de manière très sélective, et dépend du degré d'insertion du niveau socioéconomique des sociétés et de la proximité des grands foyers de population. Cette appropriation de la montagne par des urbains transforme ses espaces récréatifs qui gagnent en urbanité. Enfin, la montagne est affectée par des changements globaux qui sont pris en compte par les acteurs du tourisme et des loisirs, afin de garantir et même développer un usage récréatif des montagnes.

Les montagnes sont de plus en plus convoitées par les sociétés, pour le développement d'activités récréatives. Elles constituent donc des espaces particulièrement désirés. Ce désir se fonde sur un imaginaire à la fois extrêmement riche et puissant.

La montagne est perçue comme un espace échappant au progrès et à la civilisation. L'impact anthropique semble moins visible aux yeux des touristes et excursionnistes. Cette perception a des origines urbaines : elle est le produit du regard de citadins qui sont de plus en plus amenés à utiliser l'espace montagnard comme support de leurs activités récréatives. Le regard citadin alimente un imaginaire récréatif de la montagne fondé sur la beauté des cimes, des glaciers, des vallées : la montagne est alors réinventée. Rémi Knafou a analysé la construction d'un célèbre lieu par le tourisme : la Mer de Glace. Dépourvu de valeur aux yeux de la société locale de Chamonix avant l'irruption du tourisme, le célèbre glacier en prit lorsque le regard enchanté de citadins extérieurs à la vallée se posa sur lui (Rémi Knafou. L'invention du lieu touristique : la passation d'un contrat et le surgissement simultané d'un nouveau territoire). Le cas de la Mer de Glace n'est pas isolé : nombre d'espace du tourisme et des loisirs en contexte montagnards ont été inventés par le tourisme. Hauts sommets englacés, pentes neigeuses en ubac très propice au ski, ou cols perchés à plus de 3000 mètres avaient souvent avant leur « invention » par le tourisme, peu ou pas d'intérêt pour les sociétés. Ainsi, tourisme et loisirs ont produit et produisent encore leur espace sur des fondements très différents de ceux des sociétés locales d'avant l'apparition du tourisme.

La montagne est aussi considérée comme un espace qui ne peut être appréhendé que l'effort et la ténacité. Ainsi, tout un imaginaire récréatif de la montagne associe cet espace à un lieu d'accomplissement de soi. C'est notamment le cas dans l'alpinisme, activité récréative emblématique des lieux de la montagne. Nécessitant un très fort engagement physique et mental et comprenant une part de risque, l'alpinisme met en scène le combat entre des hommes et des femmes contre un sommet. Cet imaginaire, profondément ancré dans le monde contemporain, est alimenté par une littérature spécifique (<u>Premier de cordée, de Frison-Roche</u>), des récits héroïques (la conquête de l'Annapurna, le premier « 8000 » par une équipe française) ou encore des « héros », conquérants de l'inutile (de George Mallory à Kilian Jornet). Bien évidemment, la montagne constitue l'espace privilégié de cet accomplissement de soi, mais pas n'importe quelle montagne : il s'agit de la haute-montagne, une montagne inaccessible, en opposition avec la plaine ou la « montagne à vache » évoquée par les guides de Chamonix dans Premier de cordée. Cette montagne est donc plus un territoire construit par une pratique qu'une marge qui serait restée naturelle.

Certains massifs et sommets sont au cœur des attentions. 70 ans après la parution de la célèbre œuvre de Frison-Roche, les Drus constituent encore un sommet convoité du massif du Mont-Blanc. Aussi, l'Everest, point culminant de la Terre est aussi un sommet fondamental dans l'imaginaire récréatif, et spécifiquement dans l'alpinisme. Grimper l'Everest, c'est note Étienne Jacquemet, devenir un héros, puisqu'il est nécessaire de braver un environnement particulièrement hostile : chutes de séracs, traversée de cascades de glace, risques d'avalanche, pentes raides, corniches à pic, le tout dans des conditions atmosphériques extrêmes. (<u>Étienne Jacquemet De la fabrique des héros à la fabrique du territoire, le cas du Solukhumbu dans la région de l'Everest, Népal</u>). L'alpinisme n'est pas pourtant le seul loisir permettant la fabrication récréative du massif de l'Everest. Etienne Jacquemet note que le belvédère Kala Patar (5 550 mètres), qui offre une vue spectaculaire sur l'Everest, constitue aussi un objectif pour les randonneurs (trekking). Ainsi, l'Everest alimente des pratiques récréatives plurielles, par son ascension et par son appropriation paysagère.

Pourtant, alpinisme et trekking, même si leurs exploits alimentent l'imaginaire de la montagne, ne constituent pas le cœur de l'industrie touristique, en particulier dans les massifs d'Amérique du Nord et d'Europe. En effet, la pratique de loisir emblématique de la montagne est le sport d'hiver : ski, snowboard, luge… Si la dimension de l'exploit existe bel et bien dans l'imaginaire des sports d'hiver, l'attente du plaisir procuré par la glisse constitue bien le pivot de ce dernier. En plus de l'espace, la montagne, cet imaginaire est associé à une saison, l'hiver, permettant la descente de pentes enneigées. Le ski est l'activité à l'origine de la mise en tourisme des Alpes du Nord en France et de l'émergence de destinations prestigieuses (Courchevel, Avoriaz, Val d'Isère, Chamonix)

Enfin, la tranquillité, le calme et le bien-être sont aussi associés à l'imaginaire de la montagne. Dans un monde de plus en plus urbain, touristes et excursionnistes désirent fréquenter des lieux qui rompent avec leur quotidien en ville : la montagne leur apparait comme un espace récréatif qui s'inscrit dans une contre-tendance. Dans bons nombres de pays chauds, à ces préoccupations de calme, s'ajoute un facteur climatique. Ainsi, la ville d'Abha en Arabie Saoudite est largement fréquentée en été par les couches supérieures de la société saoudienne, afin d'échapper à l'été torride des basses altitudes.

Ainsi, en montagne, le tourisme et les loisirs fabriquent des espaces extrêmement spécifiques, espaces qui tranchent parfois avec ceux des sociétés locales d'avant le tourisme. Un imaginaire à la fois pluriel et puissant, centré autour de la quête du plaisir et de l'accomplissement de soi dans un milieu considéré comme hostile, participe à cette construction. Mais la géographie des espaces récréatifs montagnards doit prendre en compte la part croissante de la mondialisation dans cette production spatiale, ainsi que certaines de ses conséquences les plus remarquables, l'urbanisation et la diffusion de valeurs et de modes de vie urbains.

À l'échelle mondiale, le contraste entre massifs montagneux particulièrement aménagés à fins récréatives et d'autres demeurant, pour le moment peut-être, en marge de ce processus de transformation, est très importants. Les massifs les plus aménagés se situent principalement près de fortes concentrations de population à haut revenu. Il n'est guère étonnant d'observer les massifs que les plus aménagés à des fins récréatives soient situés en Europe ou en Amérique du Nord, non loin des grands pôles urbains. Ainsi, les Alpes, les Pyrénées, les Rocheuses ou les Appalaches constituent des massifs parmi les plus aménagés à des fins touristiques au monde. Les Alpes, en particulier côté français, possèdent ainsi bon nombre de stations de ski de notoriété mondiale (Courchevel, Méribel, Bourg-Saint Maurice), ou européenne et nationale (Isola 2000, Vars…).

À l'inverse, de grands massifs montagneux restent à l'écart d'une intense mise en récréation. C'est le cas de massifs situés loin de grands foyers de population (Alaska, Kamatchaka, Tibesti…) ou de massifs localisés dans des environnements socioéconomiques modestes (Pamir à vérifier, montagnes du Pakistan).

Si cette dichotomie entre massifs très aménagés et les autres possède sa pertinence il convient de noter que certaines chaînes de montagne sont, à l'échelle régionale, très inégalement utilisées par les sociétés à des fins de loisir ou de tourisme : ainsi, la partie argentine des Andes est bien plus mise en tourisme que la partie bolivienne. Là encore, les différences socioéconomiques constituent un facteur explicatif important, quoique non exclusif : l'Argentine est bien plus influencée par la culture touristique mondialisée que son voisin du nord.

Aussi, la géographie récréative de la montagne est marquée à l'échelle mondiale par l'existence de hauts-lieux, qui structurent des pôles récréatifs locaux. Par exemple, les plus hauts sommets des continents constituent des destinations attractives, permettant l'existence de régions touristiques.

Le Kilimandjaro constitue ainsi une destination bien plus importante à l'international qu'à l'échelle nationale. Grimper le Kilimandjaro, sommet à l'ascension relativement aisée comparée à d'autres points culminants continentaux est ainsi au cœur de l'offre de bons nombres d'agences de voyage. À l'échelle locale, le Kilimandjaro assure un dynamisme économique à tout un espace régional. Juhane Dascon a montré que l'organisation spatiale de cette « montagne-monde » s'appuyait avant tout sur des villes aux tailles et aux fonctions différentes (<u>Juhane Dascon</u> <u>D'une ressource à l'autre en terre chagga : paysannerie et tourisme au Kilimandjaro.</u>). Au sommet de cette hiérarchie urbaine, la ville d'Arusha joue un rôle d'organisation et de redistribution des flux touristiques. Juhane Dascon note que cette ville, située non loin du Mont Méru est un point nodal, du fait de l'arrivée des touristes internationaux depuis le Kenya moyen. La ville accueille donc des tour operator et des ONG spécialisées dans le tourisme culturel. Plus près du Kilimandjaro, Moshi est le second pôle régional. La ville est une souvent une étape des touristes : de nombreux hôtels sont présents de même que des cybercafés. Encore plus proche du Kilimandjaro, la ville de Marangu constitue selon Juhane Dascon, le centre historique du tourisme local. C'est une porte d'entrée du parc national du Kilimandjaro. L'empreinte du tourisme est massive : les noms des cafés et des hôtels empruntent à l'imaginaire de la culture touristique mondialisée (Trekking bar, Alpin kiosk…). Deux autres villages, plus modestes, complètent ce réseau : Machame et Mweka, qui sont aussi des "gates", portes d'entrée ou de sortie, cette situation leur permettant également le développement d'activités commerciales (notamment vente de souvenirs…).

Les villes de la région offrent ainsi des repères et des services aux touristes souhaitant parcourir le Kilimandjaro. En effet, l'habiter du touriste, bien qu'il se singularise par une coupure dans l'espace-temps du travail, nécessite des repères de la vie urbaine : commerces, hôtellerie, toilettes à l'Occidental, restaurants… Ces services sont préférentiellement proposés en milieu urbain, de la grande ville au village « porte d'entrée de la montagne ». Ainsi, les espaces de montagne mis en tourisme gagnent en urbanisation et en urbanité : ce phénomène agit à l'échelle globale, c'est une conséquence de la mondialisation du tourisme. Les stations intégrées de montagne présentes d'abord en Occident, et dont le modèle s'exporte partout dans le monde constituent ainsi l'aménagement archétypal permettant des gains d'urbanité aux espaces montagnards, pour le confort des touristes et des autres récréatifs. Mais au-delà de ces aménagements ponctuels, ce sont bien l'ensemble des services développés dans le cadre d'une économie de loisirs qui sont porteurs d'urbanisation et d'urbanité.

À l'échelle régionale, cette dynamique spatiale induit la concentration des activités de tourisme et de loisirs autour de pôles qui sont bien des territoires urbains au cœur de la montagne. Ainsi, dans les Alpes françaises, le contraste est très fort entre des massifs très fréquentés (massif du Mont-Blanc…) et d'autres qui le sont beaucoup moins faute de stations pouvant offrir des services assurant la continuité du mode de vie urbain aux touristes (Queyras…).

Aussi, en Occident, un autre phénomène inédit est en plein développement. Dès les années 80, la géographe américaine Laurence Moss a travaillé sur ce qui est appelé aujourd'hui des migrations d'agrément (<u>Laurence Moss Amenity Migration Transforming Rural Culture, Economy and Landscape</u>). Son travail de théorisation de cette notion s'appuyait sur le constat d'un renversement des tendances démographiques dans de nombreux espaces ruraux et montagneux américains. Ces espaces gagnent de nouveaux habitants du fait des aménités qu'ils proposent à des populations de plus en plus sensibles à celles-ci. En partant de l'idée que c'étaient ces aménités qui conduisaient des populations à s'installer dans des régions moins dynamiques sur le plan économique, Laurence Moss a théorisé l'existence de facteurs facilitateurs et motivateurs, permettant l'existence des migrations d'agréments.

Dans ce contexte, les montagnes de l'Occident sont particulièrement prisées par les migrations d'agrément. Ainsi, pour les Alpes, en particulier les Alpes suisses, Manfred Perlik parle de « gentrification alpine » (<u>Manfred Perlik Gentrification alpine : lorsque le village de montagne devient un arrondissement métropolitain.</u>) Ses recherches mettent en évidence une utilisation sélective et d'origine très urbaine des ressources spécifiques des régions de montagne, utilisation qui intègre les périphéries aux pôles métropolitains voisins de manière fonctionnelle. Cette transformation de vallées alpines est d'autant plus remarquable qu'elle se fait alors que le tourisme traditionnel, notamment fondé sur l'hôtellerie, est en déclin. Une économie présentielle, largement fondée sur la sphère résidentielle se met alors en place, marquant ainsi le tournant récréatif des espaces montagnards.

L'irruption du tourisme et des loisirs en montagne se fait en articulation étroite avec la mondialisation : diffusion de la culture touristique mondialisée, développement de services, du réseau de transport, etc. Les espaces du tourisme et des loisirs se singularisent ainsi par leur gain d'urbanité, afin de permettre un mode de vie urbain au cœur du cadre montagnard. Pourtant, soumis à des changements globaux, les espaces montagnards du tourisme et des loisirs sont en pleine mutation : ils doivent se réinventer en permanence pour permettre la pérennité de leur modèle économique.

Les espaces montagnards sont à la fois en cours de diversification sur le plan de l'offre récréative et marqués par une dynamique de protection, quoique disparate. La conjonction de ces deux processus conduit à une mutation profonde des espaces du tourisme et des loisirs situés en montagne.

La diversification de l'offre récréative est un phénomène qui touche l'ensemble des espaces récréatifs dans le monde. En effet, le goût de la nouveauté est un fondement de la culture touristique mondialisée : touristes et excursionnistes veulent vivre des expériences inédites. Par conséquent, les professionnels de la récréation s'adaptent à cette demande. Les espaces touristiques et de loisirs de la montagne ne font pas exception : ainsi, en France, Johanne Pabion Mouriès, Véronique Reynier et Bastien Soulé ont montré comment les aménagements d'espaces "nouvelles glisses", tels que les snowparks, participent au renouvèlement de l'offre de sports d'hiver. (<u>Les leviers de différenciation face à une innovation banalisée en station de montagne : attractivité des snowparks et positionnement des stations. Johanne Pabion Mouriès, Véronique Reynier et Bastien Soulé</u>). L'objectif est pour les stations de capter de nouveaux segments de clientèles. Mais ce renouvèlement de l'offre est aussi impulsé par les premiers acteurs du snowboard, les pratiquants eux-mêmes. Ces derniers sont adeptes d'une subculture tournée autour de la recherche du plaisir de la glisse. Certaines associations de snowboarders se sont ainsi approprié elles-mêmes des sites (des spots) pour pratiquer leur sport favori. C'est notamment le cas de la station du col de Porte près de Grenoble, adopté par des skateurs grenoblois reconvertis au snowboard dans les années 90.

Il y a donc bien une diversification de l'offre récréative voulue et façonnée par les touristes et les récréatifs en montagne. Mais contrairement au tourisme balnéaire ou au tourisme rural, la diversification de l'offre récréative est aussi imposée par des changements globaux. En effet, pour les professionnels du tourisme en montagne, cette diversification est aussi une réponse au déficit de neige observé certains hivers ces trente dernières années, en particulier en Europe. Cette stratégie de diversification passe aussi par le développement d'activités récréatives en été et concerne particulièrement les stations de moyenne-montagne. Dans le massif de la Chartreuse, la réflexion autour de projets de diversification touristique a débuté au tournant des années 2000 lorsqu'à la suite de plusieurs années avec un mauvais enneigement, les communes ont commencé à développer une activité VTT l'été, en lien avec le Parc Naturel Régional. Un système de forfait en été pour pouvoir utiliser les remontées mécaniques a été instauré. Ainsi, les propriétés physiques du lieu, mais aussi les aménagements réalisés (des pistes de descentes et un mountain park) ont permis l'investissement du site par une nouvelle activité. Le développement de l'activité VTT s'est appuyé sur un marketing territorial valorisant les ressources naturelles du lieu (<u>Clémence Perrin-Malterre Le rôle des acteurs locaux pour éviter la marginalisation touristique du territoire de Saint-Pierre de Chartreuse</u>). Il s'agit là d'un tournant majeur pour les acteurs du tourisme et des loisirs : ces derniers tendent de plus en plus à développer les ressources territoriales de leur montagne. Les ressources territoriales sont des objets et des valeurs mobilisées par les acteurs participant à la production de territoire : elles peuvent être façonnées à partir de paysages mis en valeur, de la culture locale, des produits du terroir, etc. La construction et l'activation de ces ressources sont une tendance lourde s'inscrivant à la fois dans le renouvèlement de l'offre récréative et de son articulation avec les préoccupations environnementales des récréatifs et des acteurs professionnels du tourisme et des loisirs.

L'activation de certaines ressources permet le repositionnement économique et même un changement identitaire de l'espace montagnard. Olivier Bessy l'a bien montré concernant l'Ultra-Trail du Mont-Blanc, organisé en 2003 dans l'espace transfrontalier Espace Mont-Blanc, réunissant plusieurs collectivités locales de Suisse, d'Italie et de France des sept vallées du massif du Mont-Blanc. Cet Ultra-Trail marque bien le tournant évènementiel pris les acteurs du tourisme et des loisirs de cet espace : en effet l'organisation de cet Ultra-Trail mobilise l'ensemble des acteurs touristiques, mais aussi le secteur professionnel de la course à pied, et au-delà, le celui des « sports outdoor ». Organisé à la fin du mois d'août, l'évènement attire plusieurs dizaines de milliers de touristes et visiteurs ; en 2011, il y a eu durant l'évènement près de 60 000 nuitées payantes et 45 000 visiteurs au salon de l'Ultra-Trail. Olivier Bessy a montré le consensus que produit cet évènement entre les acteurs, mais aussi de la population locale, en dépit des inquiétudes soulignées (<u>Olivier Bessy Innovations évènementielles et structuration des destinations touristiques. Pour une hybridation des approches : l'exemple de l'Ultra-Trail du Mont-Blanc.</u>) Ainsi, les organisateurs reconnaissent eux-mêmes qu'ils sont arrivés à un point de rupture du fait du « gigantisme de la course ». Ils sont conscients des effets environnementaux d'un tel évènement, dans un massif ayant de forts enjeux naturels. Pourtant, il y a bien un consensus à poursuivre le développement de l'Ultra-Trail, car il organise en profondeur selon les acteurs, leurs espaces.

Cette diversification entraine l'apparition de territorialités multiples et concurrentes : l'espace montagnard est approprié par l'alpiniste qui raisonne en termes de voie d'accès et de sommets, le naturaliste à l'affut des meilleurs spots d'observation de la faune et de la flore, du kayakiste, dont l'activité amène à chercher les meilleures voies d'eau, le skieur qui perçoit l'espace en termes de pentes neigeuses, etc. Néanmoins, les facteurs de la géographie humaine sont aussi importants : accessibilités, ambiance des lieux, cadres législatifs, processus de territorialisation par des groupes sociaux dessinent aussi une carte complexe des territorialités récréatives en montagne.

Ces exemples alpins montrent bien le poids croissant des préoccupations environnementales sur les espaces du tourisme et des loisirs en montagne. Le tourisme et les loisirs sont aussi régulièrement pointés du doigt, à cause de leurs effets supposés sur les environnements montagnards. Ainsi, dans les années 70, le tourisme de trekking et les montagnards népalais se sont trouvé au cœur d'un scénario de crise environnementale connu sous le nom de théorie de la dégradation des milieux himalayens. En dépit de très flux touristiques, certains chercheurs ont considéré que les besoins en bois et en énergie des trekkeurs en camping (feux de bois) ou en lodges (cuisine, chauffage, bois de construction) exerceraient une forte pression sur les ressources forestières du pays, menacées également par les pratiques agropastorales des montagnards. Déforestation massive et pollution par les déchets jalonneraient ainsi les sentiers de trekking et les camps de base des expéditions himalayennes. Isabelle Sacareau a, en mobilisant plusieurs travaux critiques, rappelé pourquoi ce raisonnement était globalement faux (<u>Isabelle Sacareau Évolution des politiques environnementales et tourisme de montagne au Népal</u>). Il a pourtant constitué un argument clé en faveur de la création de parcs nationaux dans l'Himalaya népalais. *« En réalité, derrière l'argumentaire environnemental, la création des parcs nationaux a été largement motivée par la perspective d'accroitre et contrôler les ressources touristiques, comme l'indiquait clairement le Master Plan of Tourism de 1978 »*, précise-t-elle. Si les dégradations environnementales générées par le tourisme et les loisirs en montagne existent bel et bien, et sont à l'origine de très nombreux conflits d'usage, il convient de souligner que la mise en protection d'espaces naturels n'est absolument antagoniste de leur mise en tourisme.

En fait, dans le monde, le tourisme est aujourd'hui un instrument finançant la protection. Aux États-Unis, comme à Yellowstone où ce sont de véritables complexes touristiques qui ont été créés à l'intérieur du parc avec des parkings, des restaurants et des hôtels. La logique d'aménagement en vigueur dans les parcs anglo-saxons est celle des « honey pots », c'est-à-dire que seulement certains lieux stratégiques seront accessibles aux touristes et vont perturber 5 % de la surface du parc. En France, certains parcs nationaux de montagne sont aujourd'hui marqués par une explosion du nombre des visiteurs, à l'instar du Parc National du Mercantour, qui émerge comme le jardin et le terrain de jeu montagnard de la Côte d'Azur. Il s'agit là d'une tendance durable qui affecte l'ensemble des montagnes dans le monde, et qui marque un tournant à la fois récréatif et de protection des espaces montagnards.

La montagne contemporaine a été recomposée en profondeur par l'arrivée du tourisme et des loisirs. De nouveaux acteurs ont inventé un nouveau territoire en montagne, en développant un imaginaire aussi riche et divers. Mais les espaces du tourisme et des loisirs montagnards sont loin d'être figés : les territoires montagnards inventés au XIXe et au XXe siècle se transforment encore, du fait des processus d'appropriation par les sociétés urbaines contemporaines et la diffusion d'une pratique récréative codifiée, issue de la culture touristique mondialisée. En même temps, les montagnes vont face à des changements globaux, intégrés par les acteurs du tourisme et des loisirs. Le tournant de la protection de la nature montagnarde ouvre une nouvelle perspective de développement récréatif, mais aussi d'appropriation des espaces de la montagne par des acteurs extérieurs à celle-ci. Pensée et rêvée comme une antithèse de la ville, la montagne est pourtant bel et bien considérée par le terrain de jeu des citadins. Elle est donc un espace récréatif ambigu, dont l'intégration à la société-monde récréative se construit par divers loisirs qui fondent une pluralité de territorialités montagnardes.

Les espaces du tourisme et des loisirs dans les marges du territoire français

La marge est considérée en géographie comme un espace (une portion de la surface terrestre) étant en contradiction avec les normes territoriales. Or, l'écart à la norme est aujourd'hui un aspect très recherché au sein de la culture touristique mondialisée. En somme, il n'a rien de plus banal de que vouloir sortir des sentiers battus pour accomplir ses activités récréatives. Dans cette perspective, le tourisme compris ici comme entendu ici comme un système d'acteurs, de pratiques et d'espaces qui participent à la 'recréation' des individus par le déplacement et l'habiter temporaire hors des lieux du quotidien" (<u>Rémy Knafou et Mathis Stock, "Tourisme", dans Jacques Lévy et Michel Lussault, Dictionnaire de la géographie et de l'espace des sociétés,</u>) et les loisirs, c'est-à-dire à l'ensemble des activités récréatives s'exerçant autant dans l'espace local et le temps du quotidien, que dans l'espace-temps du tourisme, apparaissent comme être des vecteurs d'animation et de développement du territoire français, Outre-Mer compris. Pourtant, tourisme et loisirs s'ils investissent bien les lieux les plus en marges, comme certaines compagnes, la haute-montagne, des îles reculées de l'Outre-Mer, en évitent d'autres soigneusement, à l'instar, sauf exception, des banlieues marquées sur le plan paysager par des grands ensembles. Aussi, le tourisme et les loisirs créent des centralités, et donc en conséquence produisent à nouveau des marges. Dans ce contexte, il y a bien une sélection opérée par les activités récréatives au sein des marges : seuls certains espaces en marge sont largement façonnés par le tourisme et les loisirs. Dans ce cas, en quelles sont les atouts et les limites des marges pour permettre la production et la reproduction d'espaces récréatifs ? En quoi le tourisme et les loisirs transforment-ils les marges en les investissant d'un imaginaire désirable, mais aussi de pratiques souvent en rupture avec celles des sociétés locales ?

Les marges constituent une catégorie d'espace que l'on retrouve à toutes les échelles. À l'échelle nationale, il apparait clairement que ce sont les espaces en situation de marginalité économique historique qui profitent le plus de l'essor des activités récréatives. Pourtant, à l'échelle régionale, il apparait que tourisme et loisirs demeurent très activités très concentrées et fonctionnant parfois selon des logiques réticulaires. Enfin, c'est à l'échelle locale que le tourisme et les loisirs peuvent générer de nouvelles formes de marginalité spatiale.

Les marges constituent des espaces qui sont parfois particulièrement façonnés par le tourisme et les loisirs. Pourtant, ce sont bien les espaces les plus centraux qui concentrent l'offre récréative la plus complète et la plus pratiquée, à l'instar de la région-capitale. Le premier site touristique non situé en Ile-de-France, le Futuroscope, n'était qu'à la dixième place du classement des entrées 2012, loin derrière Disneyland, le Louvre ou encore le Château de Versailles. Pourtant, tourisme et loisirs animent bel et bien de nombreux espaces situés dans la France des marges.

Certains facteurs qui font de certains territoires des marges sur le plan économique ou pour la persistance d'importants foyers de populations se retrouvent en fait des atouts dans la sphère récréative : faibles densités, présence d'aménités naturelles se retrouvent par exemple être des facteurs d'attractivité récréative. Cela explique le dynamisme touristique de certains départements en marge, à l'instar de l'Ardèche, de la Lozère ou des Hautes-Alpes. Certes, la fréquentation touristique est souvent très marquée sur le plan saisonnier : été pour le tourisme vert, hiver et début du printemps pour les montagnes où se pratiquent les sports d'hiver. Néanmoins, l'attractivité récréative de ces marges sur le plan national se mesure autrement. Des travaux de la DATAR ou de géographes (<u>Laurent Davezies La République et ses territoires ; Laurent Carroué La France : mutations des systèmes productifs</u>) soulignent l'émergence d'une économie présentielle particulièrement soutenue dans de nombreux espaces en marge à l'échelle nationale : la moitié sud du pays est particulièrement concernée : toutes les régions situées au sud de la Bourgogne et de la Loire affichent un dynamisme démographique largement porté par les migrations intérieures. Les aménités de ces régions (littoral, montagne, douceur climatique) attirent. Ces marges, éloignées du principal pôle économique français (Paris et sa région) profitent donc d'une appropriation à des fins récréatives, appropriation qui est en plein développement depuis 1945. L'effet sur les marges est relativement diffus, et va au-delà de l'archipel des sites touristiques. L'économie présentielle permet un remarquable transfert de richesse entre les centres métropolitains et les territoires à la marge des secteurs traditionnels.

Les migrations d'agrément s'inscrivent parfaitement dans cette dynamique de vitalisation des marges françaises. Dans la lignée des travaux de la géographe américaine Laurence Moss, des géographes français ont mis en évidence l'importance prise par des migrations résidentielles de longue distance focalisée sur la recherche d'une meilleure de qualité de vie (<u>Les migrations d'agrément : du tourisme à l'habiter. Ouvrage sous la direction de Niels Martin, Philippe Bourdeau et Jean-François Daller</u>.). Des régions comme le Lubéron, la Drôme provençale ou le Gapençais constituent aujourd'hui des secteurs largement dynamisés par ces nouvelles stratégies résidentielles, comme en témoigne la vitalité des marchés fonciers locaux. Les effets des migrations d'agrément sont moins importants dans la partie nord, à l'exception du littoral et des rares régions de relief (Vosges).

L'appropriation récréative du territoire est de plus en plus soutenue par les politiques d'aménagements. Ainsi, la province et ses territoires ruraux ont particulièrement bénéficié de grands équipements : viaduc de Millau sur l'autoroute A75, réseaux TER (certes en crise), dessert TGV de villes moyennes ouvrant sur un vaste territoire rural récréatif (Dax, Valence, Saint-Dié-des-Vosges, etc.). Les régions littorales et de montagne bénéficient encore des équipements entrepris dans les années 60 (Mission Racine sur le littoral du Languedoc, Plan Neige dans les Alpes). La partie nord-est du territoire national, durement frappée par la désindustrialisation et possédant moins d'atouts naturels que le sud, est aujourd'hui une des priorités. Sur le plan culturel, deux grands projets ont vu le jour : l'ouverture du centre Pompidou à Metz, et celle d'une annexe du Louvre à Lens, au cœur du bassin minier. Ainsi, la création d'équipements récréatifs fait pleinement partie de la stratégie d'aménagement des marges du territoire.

L'Outre-Mer français, ensemble territorial cumulant le plus de marges (discontinuité territoriale avec la métropole, sujétion économique et politique, contexte social particulièrement dégradé…) voit dans le tourisme international un axe de développement majeur, en les territoires insulaires sous climat chaud (La Réunion, la Guadeloupe, la Martinique). Ainsi, le tourisme représente 9% du PIB de la Martinique, soit deux points au-dessus de la moyenne nationale. Mais surtout, dans ces territoires, le nombre de visiteurs ainsi que le chiffre des recettes générées sont en croissance autour de 5 à 10% par an. Le tourisme est donc un secteur particulièrement dynamique. Les atouts de l'Outre-Mer sont nombreux sur le plan touristique : les espaces touristiques concordent bien avec l'imaginaire balnéaire véhiculé par la culture touristique mondialisée, porté parfois par des figures locales (la vahiné) ou des produits (la vanille)

Au-delà des statistiques, l'Outre-Mer bénéficie grâce au tourisme d'un imaginaire bénéfique, mais qui peut masquer la dureté des conditions de vie des habitants et les contradictions sociales de ces territoires bel et bien en marge. Ainsi, les crises sociales sont récurrentes à l'instar de celle de 2009 en Guadeloupe, crise d'ailleurs qui a fait plonger le secteur du tourisme pendant au moins trois années. La marginalité économique et sociale n'est donc pas abolie par le tourisme, mais peut en revanche peser sur lui.

Cependant certaines marges peinent à capter des flux touristiques, en dépit d'atouts naturels : la Meuse, la Creuse ou les Ardennes accueillent moins de 250 000 touristes par an. Cela concerne aussi l'Outre-Mer : la Nouvelle-Calédonie ou encore Saint-Pierre et Miquelon ont une très faible activité touristique. Aussi, il convient d'appréhender les marges dans le temps : le tourisme est une activité très marquée par les saisons. En dehors des hautes-saisons, certains territoires redeviennent, même sur le plan de la récréation des individus, des marges.

Néanmoins, sur le plan national, il est clair que le tourisme et les loisirs constituent des domaines d'activité qui dynamisent bon nombre de territoires de la France des marges. Certains facteurs, défavorables sur le plan de l'économie traditionnelle, deviennent des atouts territoriaux très forts pour la prise en charge de la récréation des individus. Cependant, à l'échelle régionale, les effets du tourisme et des loisirs demeurent extrêmement déséquilibrés.

Les retombées de l'économie présentielle et récréative accusent d'importants contrastes à l'échelle régionale. Ces contrastes sont le produit de plusieurs facteurs : accessibilité des territoires, proximité des grands centres métropolitains ou touristiques bénéficiant d'une forte notoriété, capacité à développer un marketing territorial efficace, engagement des acteurs en faveur des loisirs et des tourismes, etc.

Ainsi, si les massifs périalpins apparaissent à l'échelle nationale comme des marges dynamiques, marquées par la montée en puissance des activités récréatives, compensant au moins en partie le déclin des activités agropastorales. Pourtant, non seulement ces massifs ne connaissent pas tous le même dynamisme, mais au sein de ces derniers, des lignes de fracture régionales sont générées. En effet, il est possible d'observer d'une part, des espaces très fortement marqués par le tourisme et les loisirs, et d'autres, des espaces qui demeurent encore en marge.

Le Vercors constitue un exemple remarquable. Le Vercors est, à l'instar de nombreux territoires du sud de la France, dans une dynamique démographique positive après avoir souffert de l'exode rural. Largement marqué par le fait montagnard, il présente des aménités recherchées. Thierry Geay et Axel Gilbert (<u>Thierry Geay et Axel Gilbert PNR du Vercors : entre tourisme et périurbanisation</u>) ont analysé comment la métropole grenobloise impulsait une dynamique de métropolisation et polarisait en particulier la partie nord-est du plateau. De nombreux ménages s'y installent et font la navette entre leur domicile et leur lieu de travail à Grenoble. Sur leur temps libre, ils peuvent alors bénéficier du cadre de vie qu'ils ont choisi au sein de l'environnement montagnard, ainsi que des équipements de sports d'hiver (Autrans, Lans-en-Vercors…). La partie nord-est du plateau du Vercors est une marge, mais une marge dynamisée par un tournant récréatif facilité par une intégration progressive dans la métropole grenobloise. Le reste du plateau, non polarisé par Grenoble, propose une offre moins diversifiée, et est aussi une marge sur le plan récréatif.

Aussi, la dynamisation d'une marge par le tourisme et les loisirs passe par une stratégie de marketing territorial. Les marges doivent s'appuyer et développer sur un imaginaire qui fait rêver. Marie-Ève Fererol a analysé comment la région Auvergne tentait de développer un imaginaire favorable au développement des flux touristiques (<u>Marie-Ève Fererol Auvergne Nouveau Monde : le pari « gonflé » d'une région en quête d'attractivité[2]</u>). En effet, en dépit de la présence des plus hauts sommets du Massif Central sur son territoire, la région n'est pas réellement associée à l'imaginaire de la montagne. Aussi, la région évoquerait des représentations négatives : espace arriéré, population hostile. Le comité régional de développement touristique d'Auvergne a donc développé une stratégie de communication cherchant à court-circuiter ces représentations négatives. Une de ses campagnes présentait l'Auvergne comme un « nouveau monde », propice à l'aventure. Un spot vidéo a ainsi valorisé les sports « outdoor », dans un décor régional archétypal : montagne à vache, volcans, rivières propices au kayak… L'objectif est bien le développement d'une identité récréative permettant de distinguer le produit Auvergne des autres régions. Cela se retrouve dans le logo de la campagne, qui est un volcan aux traits de différentes couleurs : est donc associé un élément facilement reconnaissable de la géographie physique régionale avec des traits soulignant la diversité des loisirs en Auvergne.

Pourtant, l'offre récréative sportive est très contrastée à l'échelle de la région. Ainsi, l'offre sportive est beaucoup moins importante dans l'Allier, département le moins montagnard de la région que dans les autres (<u>Processus de développement des loisirs sportifs en Auvergne. Jean Corneloup, Clémence Perrin</u>). Le département se situe à la marge de la stratégie touristique employée par le comité régional de développement touristique. A l'inverse, les sites les plus prestigieux de la région, comme le Puy Sancy ou le Puy Mary. Cela n'a rien de surprenant : pour se démarquer, les acteurs régionaux mettent en avant leurs espaces les plus originaux. L'idée est de puiser ce qui fait l'originalité de la marge, car l'originalité est précisément un critère attendu par les touristes

---

[2] Chapitre à retrouver dans ce livre : BLONDY, Caroline, BERNARD, Nicolas, et DUHAMEL, Philippe. Tourisme et périphéries, la centralité des lieux en question. Presses Universitaires de Rennes 2017.

et excursionnistes, influencés par la culture touristique mondialisée.

Cette dernière idée montre l'importance de la mise en désir des lieux par des imaginaires. Les marges touristiques de la France des marges sont donc souvent des territoires qui souffrent d'un déficit de reconnaissance, d'identification. Ainsi, en Alsace, à côté du dynamisme de certains espaces touristiques centraux (comme Strasbourg) et de marges naturelles et rurales (PNR du Ballon des Vosges et dans une moindre mesure celui des Vosges du Nord, route des vins, Grand Ried), d'autres espaces ne percent pas, faute d'un imaginaire suffisamment mobilisateur. Le sud de l'ancienne région est particulièrement concerné : en effet, les environs de Mulhouse souffrent d'un imaginaire trop lié à l'industrie et ses crises. En dépit d'une accessibilité appréciable (proximité de l'Allemagne, de la Suisse, accès en TGV, aéroport international), le sud-Alsace n'est pas identifié comme une destination touristique. En 2006, le conseil régional avait tenté à la fois de valoriser et d'atténuer cette image industrielle avec l'ouverture d'un parc à thème sur les sciences du vivant, appelé Bioscope. Mais le parc n'a jamais trouvé son point d'équilibre. Philippe Violier a noté que l'implantation du site dans la périphérie de Mulhouse fut probablement l'un des facteurs ayant conduit à l'échec de ce parc. En effet, situé dans une marge économique et récréative souffrant d'une image négative auprès du grand public, le site ne pouvait espérer capter des flux touristiques de centres proches. (Philippe Violier Le tourisme processus d'intégration des marges, réussite et échec des politiques publiques en France ?).

L'échec de Bioscope montre donc bien l'importance de l'articulation en réseau des espaces touristiques au sein des marges. Alors que les pratiques récréatives sont de plus en plus marquées par les mobilités, les sites récréatifs doivent être appréhendés dans des espaces régionaux touristiques. Ainsi, une des clés du succès du parc du Puy du Fou est son intégration dans un espace touristique régional plus grand. En effet, le Puy du Fou est situé non loin d'autres grands espaces touristiques : le littoral atlantique (Les Sables-d'Olonne), Nantes (et son château des Ducs de Bretagne), les châteaux de la Loire et même d'un autre parc à thème d'envergure, le Futuroscope. Pourtant, à l'échelle la plus fine, le Puy du Fou semble isolé au beau milieu d'une marge rurale.

L'échelle régionale montre bien les contrastes au sein de la France des marges, entre des marges récréatives et celles qui cumulent marginalité sociale et économique avec une incapacité à faire émerger des contenus de loisirs. Les espaces du tourisme et des loisirs parviennent précisément à exploiter les dimensions désirées de la marge au sein de la culture touristique mondialisée : originalité, authenticité, etc. Pourtant, à l'échelle locale, il est clair que les territorialités récréatives ne se superposent pas forcément avec celles des sociétés.

L'échelle locale permet d'appréhender très finement les espaces de tourisme et des loisirs dans les marges.

Dans les marges, la montée en puissance des nouvelles pratiques récréatives peut aussi bouleverser la société locale. Ainsi, les espaces ruraux français sont confrontés à un conflit d'usage classique autour de l'utilisation de l'espace à des fins récréatives : l'opposition entre des chasseurs et des associations de chasse et des usagers souvent nouveaux des espaces ruraux (randonneurs, cavaliers, chauffeurs de quad ou de moto, naturaliste. Un collectif rassemblant plusieurs associations d'usagers exige d'ailleurs la suppression de la chasse le dimanche, jour de la semaine qui est par excellence celui des activités récréatives dans les marges. Les territorialités traditionnelles du monde rural sont alors bouleversées par la montée en puissance des activités récréatives. L'espace est approprié d'une manière de plus en plus complexe par des acteurs toujours plus divers.

Aussi, le terrain de jeu de la marge peut tout simplement se situer en dehors des territorialités traditionnelles de la société locale. Par exemple, dans la vallée du Valgaudemar, vallée très en marge des Alpes entre Gap et Grenoble, Nicolas Savelli observe que le tourisme demeure très concentré dans la haute-vallée entre le village de La Chapelle et les refuges. (<u>Nicolas Savelli Géopolitique touristique d'un « bout du monde » le développement territorial du Valgaudemar en questions</u>). Ainsi, si l'émergence de la pratique estivale de la montagne permet de dynamiser des marges autrefois pratiquées uniquement par des bergers en ancrant une véritable activité (les refuges sont gardés, proposent l'hébergement et la restauration), l'activité touristique se situe en dehors des espaces centraux de la société locale, situés dans les villages. Il n'y a pas de contradiction fondamentale à ce phénomène, puisque ce n'est pas la société locale qui constitue l'objet désiré de la récréation des individus, mais la nature de la haute-montagne. La société locale et ses espaces centraux se retrouvent donc paradoxalement mis à la marge par le tourisme en haute-montagne.

Ce dernier exemple montre bien comment seules certaines spécificités d'un territoire situé en marge peuvent constituer une ressource territoriale, laissant le cœur de la société locale (et ses espaces) dans une nouvelle position marginale. Aussi, certaines pratiques récréatives peuvent introduire certaines marges : par la production d'un espace de l'entre-soi, à l'instar des golfs ou de grands hôtels. Ce n'est pas l'intérieur de ces espaces qui sont des marges, puisque la mise à distance spatiale, bien réelle, vis-à-vis du reste de la population ne fait que renforcer le caractère ouvert de ces lieux, pleinement intégrés aux réseaux dominants à l'échelle nationale ; la marge est en effet construite à l'extérieure. Ainsi, Caroline Blondy a dans ses enquêtes de la population de Bora-Bora mis en évidence les critiques portées contre les grands hôtels se développant sur le littoral de l'ile, en dépit des apports en termes d'emplois et de revenus (<u>Le tourisme, un facteur de développement durable des territoires insulaires tropicaux ? Tourisme, aménagement, environnement et société locale à Bora Bora (Polynésie française) Caroline Blondy</u>). Si une forte majorité de la population demeure favorable au développement touristique et donc des hôtels, nombre de résidents déplorent les effets d'exclusion spatiale des plus beaux lieux de baignade et pique-nique, ou la complexification des itinéraires sur le littoral. L'effet de dépossession se fait aussi ressentir, certains riverains estimant que les « étrangers » leur volent leur ile.

Parfois, une partie de la société locale peut s'opposer vigoureusement à des projets de mise en tourisme de son territoire. Si l'opposition au Centers Parc de Roybon est le cas le plus connu, d'autres aménagements, en particulier des golfes sont décriés. Philippe Subra, qui a analysé plusieurs de ces conflits, notamment ceux qui se sont traduits par la constitution des Zones à Défendre (<u>Philippe Subra, Géopolitique locale</u>), insiste sur la grande diversité de ces conflits. Des facteurs comme les ressources territoriales de l'espace (pays de bocage, relief…), la proximité d'une grande métropole (d'où peut venir un réseau militant structuré), l'ambiance et l'histoire du lieu jouent sur la dynamique du conflit. Dans le cas précis des conflits portant sur des projets touristiques c'est bel et bien la manière dont le lieu doit être pratiqué sur le plan récréatif et l'ouverture plus ou moins prononcée de la marge sur l'extérieur.

Enfin, des pratiques récréatives peuvent construire des territoires en marge, parfois même au cœur d'espaces qui sont des centralités touristiques. Ainsi, sur le littoral languedocien, le village naturiste du Cap d'Agde a été construit par une pratique récréative venant de la marge, et ce, dès le temps de la mission Racine. Ce village, qui tend à devenir une enclave (l'entrée est surveillée et contrôlée en permanence), devient une marge, au sens c'est un espace permettant un relâchement face à la norme sociale de la non-nudité dans l'espace public. La pratique du naturisme a ainsi au Cap d'Agde d'intenses conséquences spatiales, qui participent la construction d'une marge revendiquée : la séparation par l'espacement ou l'obstacle vertical permet à la fois de ségréger les touristes nudistes et les autres et de créer un effet-tampon ou barrière pour les regards extérieurs. Cet aménagement se fait afin de protéger la vue des non-nudistes, pratiquant les espaces à l'extérieur du village. Mais cette logique d'enclavement n'est pas totale : conformément à la loi Littoral (1986) qui stipule que le littoral a pour fonction d'accueillir le public, les plages au droit de ces enclaves, évidemment autorisées à la pratique du nudisme, doivent rester accessibles aux non-résidents. Dans les « villages naturistes » de Port-Leucate un chemin d'accès permet au public de se rendre sur la plage et au « Cap d'Agde Naturiste », des personnes habillées peuvent évidemment arriver sur la plage en suivant le lido depuis la commune voisine de Marseillan (<u>Aménagement et mise en tourisme d'une marge :, intégration du nudisme sur le littoral languedocien. Emmanuel Jaurand.</u>)

L'appropriation du col de Porte, non loin de Grenoble par des associations de snowboarder, revendiquant l'appartenance à une culture « underground » est aussi emblématique de la construction ou de la recomposition de hauts-lieux marginaux, reconnus comme centraux par certaines catégories sociales, mais désirant s'inscrire en dehors des normes. En effet, le col de Porte a été investi dans les années 90 par le milieu du skateboard grenoblois. Ce milieu a ainsi construit un snowpark en pratiquant la récupération d'anciens modules abandonnés par des stations de ski. Marqué par la philosophie underground et ses valeurs (le Do it Yourself par exemple), ce snowpark est perçu au sein des pratiquants de snowboards comme empreint par une ambiance différente, du fait de certaines pratiques, comme les sessions nocturnes. (<u>Les leviers de différenciation face à une innovation banalisée en station de montagne : attractivité des snowparks et positionnement des stations. Johanne Pabion Mouriès, Véronique Reynier et Bastien Soulé</u>).

Dans les grandes métropoles, les marges de la banlieue éprouvent des difficultés à proposer une offre culturelle et récréative allant au-delà des récréatifs locaux. Les représentations associées aux territoires de banlieues entravent l'émergence d'un imaginaire positif. Pourtant, certaines initiatives jouent sur cet écart à la norme. Des projets ont émergé, comme le musée d'art contemporain de Vitry-sur-Seine, ouvert dans les années 2000, et qui lors de son lancement, a joué sur son inscription territoriale dans la marge « banlieue ». Le succès demeure tout de même relatif, soulignant la difficulté à rendre désirables toutes les marges, en dépit d'un soutien d'acteurs influents.

La pluralité des marges ne permet pas de dégager un imaginaire récréatif unique pour cette catégorie d'espace. Certaines marges font clairement rêver alors que d'autres sont marquées par un imaginaire très négatif. Pourtant, à l'échelle nationale, tourisme et loisirs apparaissent comme de formidables opportunités de développement pour les espaces situés en marge des dynamiques classiques. Ce phénomène est confirmé par les migrations d'agréments : dans ce cas, la marge est clairement identifiée comme une ressource qui prend le pas sur des logiques purement économiques. Pourtant, à une échelle plus fine, les centralités touristiques apparaissent : les espaces les plus appréciés sont ceux qui correspondent le plus à l'imaginaire de la marge, au détriment des autres. Ainsi, les espaces non volcaniques d'Auvergne souffrent d'un déficit de notoriété. Aussi, dans un contexte d'accroissement des mobilités récréatives, les espaces du tourisme et des loisirs se structurent de manière réticulaire : des centres et de nouvelles marges émergent ainsi. Enfin, le tourisme et les loisirs ont potentiellement un effet perturbateur sur les sociétés locales ou du moins sur certains groupes sociaux.

Le tourisme et les loisirs agissent comme des révélateurs des marges. En effet, les marges façonnées par la récréation des individus sont des marges désirées, et qui ont donc un intérêt à préserver et à poursuivre sous d'autres formes, la production de leur marginalité. À l'inverse, le caractère marginal d'un espace peut aussi être profondément subi. Dans ce cas, la marge traduit non pas un imaginaire qui fait rêver, mais un handicap territorial. Cette situation apparait pour le moins paradoxale au sein de la première destination nationale, et pourrait à terme, et à condition d'un engagement fort des acteurs, constituait un facteur d'attractivité, pour un tourisme qui se voudrait authentiquement hors des sentiers battus.

Les espaces insulaires du tourisme et des loisirs

Les îles constituent, dans l'imaginaire de la culture touristique mondialisée, l'espace par excellence des vacances. Cette association entre insularité et récréation des individus est bâtie autour de la coupure géographique des terres entourées d'eau. Cette coupure est en effet celle aussi dans le temps, entre le temps de travail et le temps récréatif. Une île incarne donc quelque chose d'exceptionnel, qui produit une rupture dans la vie des individus, et cette rupture se voit géographiquement, comme si la mer isolait du temps du travail.

Ainsi, les îles sont en effet largement façonnées par le tourisme et les loisirs. Le tourisme doit être compris comme un système d'acteurs, de pratiques et d'espaces qui participent à la 'recréation' des individus par le déplacement et l'habiter temporaire hors des lieux du quotidien" (Rémy Knafou et Mathis Stock, "Tourisme", dans Jacques Lévy et Michel Lussault, Dictionnaire de la géographie et de l'espace des sociétés,). Au singulier, le loisir réfère au temps affranchi des exigences du temps contraint, en particulier du temps travaillé. Au pluriel, les loisirs se réfèrent à l'ensemble des activités récréatives s'exerçant autant dans l'espace local et le temps du quotidien, que dans l'espace-temps du tourisme. Tourisme et loisirs produisent des espaces spécifiques, c'est-à-dire des portions de l'écorce terrestre qu'ils façonnent plus ou moins fortement. Un espace insulaire est un espace dans une ile. Décliné au pluriel, cette expression souligne la multiplicité des espaces insulaires du tourisme et des loisirs : multiplicité des îles, mais aussi multiplicité des espaces au sein même des îles.

Les espaces insulaires du tourisme et des loisirs semblent être des objets évidents. En effet, auprès d'un très large public, notamment en Occident, les îles apparaissent nécessairement comme des terrains privilégiés de la récréation. Cette évidence, produit d'un imaginaire extrêmement puissant et partagé, mérite l'interrogation du géographe. En effet, pas plus que n'importe quel autre espace façonné par les sociétés, les îles n'ont de vocation particulière pour la récréation : même les plages de sable fin dans des îles perçues comme paradisiaques sont des constructions sociales complexes. Dans ce cas, comment s'explique le caractère privilégié des espaces insulaires pour la récréation des individus, par le tourisme et les loisirs ? Comment les sociétés construisent-elles par la production d'un imaginaire spécifique et des équipements l'attractivité exceptionnelle des îles et quelles sont les conséquences spatiales d'une telle attractivité pour les espaces insulaires ?

Les îles font rêver les touristes : le succès de l'imaginaire insulaire s'appuie sur un faisceau de facteurs géographiques, historiques et symboliques. Mais investies par le tourisme et les loisirs, les îles se transforment : les contrastes spatiaux se renforcent et l'économie et la société connaissent de profondes mutations. Cela peut entraîner des tensions entre la société de l'espace insulaire et les acteurs du développement touristique, souvent exogènes.

La puissance de l'imaginaire insulaire est telle, surtout en Occident, que le caractère récréatif des îles semble évident et naturel. Cette évidence est trompeuse, car elle masque une construction par les idées et les représentations des destinations insulaires.

Il y a pourtant une donnée naturelle indiscutable dans la production des destinations insulaires : la spécificité d'un espace insulaire, c'est d'être une terre intégralement entourée d'eau. Cette eau, avant d'être le support d'activités récréatives (contempler un paysage marin, se baigner, nautisme, pêche…), permet l'isolement géographique, c'est-à-dire la coupure avec l'espace-temps productif des individus. Mais en dehors de cette donnée naturelle (l'isolement géographique par l'eau, qui d'ailleurs est plus ou moins variable), il est difficile de trouver une autre donnée naturelle qui donnerait une clé d'interprétation à la formidable attractivité des îles pour la récréation des individus. En effet, même l'eau n'est pas partout source des mêmes activités récréatives : de nombreuses îles dans le monde constituent des destinations touristiques sans que la baignade ne soit réellement pratiquée : le Sptizberg, l'Islande, (Ile de la Statue de la Liberté), ou l'ile d'Alcatraz en témoignent.

L'isolement géographique est donc bien la seule matrice naturelle. Néanmoins, il convient de souligner que les sociétés peuvent transformer cette donnée, par la construction d'un pont reliant l'ile au continent. Les acteurs du tourisme et des loisirs exploitent aussi cette donnée. Loin de n'être qu'un attribut naturel, l'isolement géographique est bel et bien une ressource appropriée et socialisée. Le cas des îles-hôtels des Maldives constitue ainsi un exemple remarque de l'usage de l'isolement. Ainsi, l'ile-hôtel de Cheval Blanc Randheli exploite aussi à une échelle encore plus fine ce procédé. En effet, son hébergement le plus prestigieux est situé à son tour sur un ilot à l'écart du centre de l'hôtel et des autres chambres. Cette utilisation de l'espace se fonde sur l'association entre l'isolement insulaire et le luxe, en jouant sur le rêve du paradis insulaire désert, mais si ce dernier se double d'une gamme de service.

Ainsi, si l'attractivité des îles se construit sur l'isolement géographique, il n'en constitue pas pour autant le fondement. Ce sont bel et bien les sociétés qui décident actuellement de faire des îles des espaces attractifs pour leur récréation. Vincent Coëffé a ainsi montré comment Hawaï a été fabriquée en destination prestigieuse, par un long processus historique, mobilisant des écrivains célèbres (Mark Twain, et Jack London), les rencontres entre les sociétés locales et les Américains WASP, la découverte par ces derniers du surf (<u>Vincent Coëffé Hawaï : la fabrique d'un espace touristique</u>). Cette fabrication est passée par des figures associées à cet espace : l'hula girl dégageant une attractivité érotique et le beach boy enseignant le surf, deux figures érigées en icône exaltant une altérité idéalisée pour la société occidentale. Ces deux figures ont d'ailleurs servi d'instruments de promotion en même temps qu'éléments de référence identitaire pour la société hawaïenne contemporaine. Cartes postales et brochures publicitaires ont tout au long du XXe siècle diffusé ces deux figures intégrées dans un paysage perçu comme typiquement d'Hawaï : une plage saturée de couleur chaude, avec une planche de surf. L'exemple d'Hawaï montre d'ailleurs bien que la construction idéelle des destinations insulaires ne se fait pas à partir d'un espace vierge : Hawaï n'est pas née avec le tourisme. L'image archétypale de la culture touristique mondialisée d'une plage paradisiaque et vierge dans une ile tropicale est donc largement trompeuse.

Néanmoins, imaginaires et pratiques qui font des îles des espaces récréatifs peuvent se diffuser. Le surf est ainsi aujourd'hui largement une pratique mondialisée, faisant partie d'une culture touristique largement partagée, se retrouvant sur les plages de nombreuses îles. Le surf est ainsi très pratiqué à Bali dans la région d'Ulu watu Dreamland. Le surf est un apport touristique et extérieur à la culture balinaise. Pour autant, cette dernière est aussi exaltée comme un élément attractif de l'ile. En effet, les îles sont largement perçues comme en marge culturellement, et l'originalité de leurs sociétés en fait un atout pour la récréation des individus. Bali constitue par ailleurs à ce titre un exemple remarquable. Sa population est majoritairement de religion hindoue, célébrée toutefois dans une forme syncrétique dite hindoue-balinaise, qui la distingue culturellement, mais aussi socialement, des sociétés indiennes et indonésiennes à dominante musulmane. Syline Pickel-Chevalier et Philippe Violier ont souligné à ce propos comment Bali semblait encline à répondre à la quête d'exotisme sécurisée des touristes du monde dans sa globalité : occidentaux (Australie, Europe, Amérique du Nord), indonésiens, mais aussi asiatiques et orientaux (<u>Bali de la marge à la centralité touristique ? Sylvine Pickel-Chevalier et Philippe Violier</u>[3]).

---

[3] Chapitre extrait de ce livre : BLONDY, Caroline, BERNARD, Nicolas, et DUHAMEL, Philippe. *Tourisme et périphéries, la centralité des lieux en question.* Presses Universitaires de Rennes 2017.

Les îles sont donc aussi attractives en tant que marge, puisque la quête d'exotisme constitue un fondement de la culture touristique mondialisée.

La marge est aussi appréciée par certains acteurs, notamment étatiques, voulant contrôler le tourisme et les loisirs sur leur territoire. L'ile est perçue comme un territoire plus facilement contrôlable qu'une partie du continent et son isolement limite les contacts avec le centre. En Iran, l'ile de Kish, mis en tourisme dès l'époque du dernier shah et situé dans le Golfe persique est ainsi marquée par une application plus lâche des lois sur les mœurs de la République islamique. En France, l'un des plus grands lieux de pratique nudiste est l'ile du Levant dans le Var.

Cette logique de marge rend aussi les îles attractives sur le plan écologique. Les flores et faunes insulaires sont souvent largement différentes de leur environnement insulaire, l'isolement géographique favorisant l'endémisme. Les Galapagos, haut-lieu mondial du patrimoine naturel offrent ainsi une nature très spécifique. Il s'agit ainsi d'un atout valorisé (et parfois aussi dégradé) par le tourisme et les loisirs.

Aussi, certaines îles sont historiquement considérées comme des hauts-lieux par les sociétés, et constituent par conséquent des endroits dignes d'être visités. C'est notamment le cas de Liberty Island, accueillant la Statue de la Liberté. De telles îles permettent un tourisme plus identitaire et culturel : se rendre sur l'ile, cela consiste à s'approprier une histoire qui dépasse l'ile elle-même, puisqu'elle est nationale voir internationale. La traversée de l'environnement marin donne un caractère encore plus solennel aux lieux, et le champ de vision largement dégagé par l'absence de relief met en valeur l'ile et son objet visité.

Les ressorts du rêve insulaire sont donc multiples, mais sont bel et bien produits par les sociétés et ne découlent pas d'un cadre déterministe. Même l'isolement des îles est une ressource appropriée par les sociétés. Aussi, loin de n'être que des espaces hyper-balnéaires, les îles sont attractives pour des raisons qui renvoient à la perception de leur histoire, à leur traitement différencié par rapport aux espaces continentaux, etc. Néanmoins, il convient de noter que ce n'est pas tout l'espace insulaire qui est marqué le tourisme et les loisirs.

Les îles constituent des espaces privilégiés pour la récréation des individus. Mais les espaces insulaires sont plus ou moins mis en valeur. À l'échelle mondiale, l'intensité de la mise en tourisme d'une ile dépend de plusieurs critères : sécurité, climat, et surtout proximité des grands foyers émetteurs. Les îles de la zone intertropicale et de la mer Méditerranée sont particulièrement marquées par l'empreinte du tourisme, notamment balnéaire. Mais au sein de cet ensemble, ce sont les îles les plus proches des grands foyers émetteurs (Amérique du Nord, Europe, façade est de l'Asie) qui sont les plus intensément aménagés. Deux grands ensembles régionaux se dégagent : les Caraïbes et la Mer Méditerranée. L'espace régional constitué des îles au sud de la Mer de Chine est quant à lui marqué par un tournant récréatif remarquable.

En dehors de cette zone intertropicale et méditerranéenne, l'empreinte du tourisme et des loisirs est plus diffuse. Certaines îles, à l'instar des Kerguelen, cumulent éloignement géographique et climat peu propice, tandis que celles de l'Atlantique nord, sont marquées par l'émergence d'un front touristique, porté en partie par le développement des croisières. Enfin, certaines destinations insulaires sont prisées en tant que haut lieu de la culture touristique mondiale : la fréquentation de ces îles contraste avec celle de leur environnement régional. Bali en constitue l'exemple plus remarquable.

Néanmoins, l'empreinte du tourisme et des loisirs est aussi inégale à l'échelle locale, c'est à l'échelle même des îles. En effet, les acteurs du tourisme et des loisirs privilégient à l'échelle locale, uniquement certains espaces insulaires. Cela se traduit par des oppositions plus ou moins fortes entre espaces marqués par des fonctions récréatives et les autres. Des oppositions classiques se dessinent ainsi.

La plus commune est entre le littoral de l'ile et son centre, parfois montagneux voire volcanique. Dans le cadre d'un tourisme et des loisirs balnéaires, les activités récréatives tendent à se concentrer uniquement sur les littoraux, faisant des centres une marge économique et récréative plus ou moins forte. Cette situation contraste parfois avec l'organisation territoriale de l'ile avant sa mise en récréation. La Corse constitue à ce titre un exemple remarquable. Sur le plan de la répartition de la population, le « plein » littoral s'oppose très fortement du « vide » du centre, qui est largement montagneux. La mise en tourisme de l'ile a conduit à un retournement spectaculaire du territoire insulaire, puisque l'organisation générée par l'économie agro-sylvo-pastorale, centrée sur l'intérieur, s'est retrouvée bouleversée par la très forte et inédite attractivité des littoraux. Ce contraste se traduit dans les coûts du foncier, entre le littoral et le centre. Mais la saturation actuelle des littoraux conduit à un développement des infrastructures de l'économie touristique et de loisir sur l'arrière-pays, générant des problèmes de mitage. Or, cette dynamique de mitage est perçue négativement par de nombreux acteurs : la dégradation du cadre naturel est décriée, puisqu'elle entamerait les ressources territoriales de l'ile (<u>Caroline Tafani Xavier Pieri Marie-Antoinette Maupertuis Johan Jouve Appréhender les littoralités du territoire corse[4]</u>).Pourtant, d'autres acteurs défendent un développement touristique du centre, estimant que les activités récréatives actuelles, à l'instar de la traversée du GR 20, ne

---

[4]Chapitre extrait de ce livre : FURT, Jean-Marie et TAFANI, Caroline. Tourisme et insularité: la littoralité en question(s). KARTHALA Editions, 2014

permettent pas de compenser la crise de l'économie agro-sylvo-pastorale.

Une autre opposition s'appuyant sur des données « naturelles » est celle entre la partie de l'ile dans le vent et celle sous le vent. Dans ce cas, contrairement à certaines situations marquées par l'opposition littoral/centre, la mise en tourisme vient renforcer un contexte d'opposition entre un centre sous le vent et une périphérie dans le vent qui existait déjà. L'île de Tahiti offre un exemple particulièrement net de cette opposition : tourisme et population demeurent concentrés au nord-ouest de l'île, là où se trouve Papeete (le long du littoral), tandis que le secteur exposé au vent affiche des densités de peuplement très faibles.

À une échelle très fine, les resorts et autres grands complexes récréatifs génèrent des coupures dans l'espace de l'ile et dans sa géographie récréative. Carole Blondy a ainsi montré que les grandes infrastructures hôtelières construites à Bora-Bora, avaient fait modifier les pratiques récréatives des habitants. Beaucoup de plages prisées ayant été privatisées, les locaux ont dû faire évoluer leurs habitudes. En creux, se dessine ainsi une ile destinée aux touristes, avec ses propres espaces récréatifs et une autre pour les locaux, dont les espaces de loisirs sont certes publics, mais considérés comme moins beaux. (Caroline Blondy Le tourisme, un facteur de développement durable des territoires insulaires tropicaux ? Tourisme, aménagement, environnement et société locale à Bora Bora (Polynésie française)).

Cette opposition entre « l'ile des habitants » et celle des touristes alimente de nombreux discours de locaux se sentant dépossédés. Ainsi, dans leur article sur Bali, Sylvine Pickel-Chevalier et Philippe Violier rapportent que des entretiens menés en 2013 laissaient transparaître un certain désarroi des Balinais interrogés, accusant Nusa Dua région la plus intensément et précocement mise en tourisme située au sud de l'île, de ne pas être « le vrai Bali ».

Les îles ne sont pas uniformément investies par le tourisme et les loisirs. À l'échelle mondiale, seules certaines d'entre elles développent des espaces touristiques, fortement intégrés aux pôles émetteurs. À l'échelle locale, tourisme et loisirs investissent seulement certains types d'espaces, générant parfois des déséquilibres territoriaux. Les îles sont donc plus contrastées avec des espaces touristiques et de loisirs. Ce contraste est très fortement articulé avec la question du rapport entre la marge insulaire et son ou ses centres extérieurs.

Les îles constituent des territoires généralement situés en marge des grands pôles de la mondialisation. Or, leur mise en tourisme constitue une voie privilégiée d'intégration dans l'économie-monde. Pour autant, cette intégration se fait de manière très déséquilibrée : les îles sont dépendantes de pouvoirs économiques et politiques qui sont extérieurs à leur territoire. Des conflits surgissent régulièrement du fait de ces déséquilibres.

Bali est régulièrement confrontée à ces conflits. Marge nationale et internationale, confrontée au poids croissant du tourisme sur sa propre identité, la place de ce secteur économique dans la société balinaise est régulièrement posée. En 1997, l'ouverture d'un hôtel 5 étoiles près du lieu sacré du Tanah Lot a soulevé de virulentes contestations. Aujourd'hui, c'est le « méga-projet » touristique Nusa Benoa qui est concerné. Ce projet vise la construction d'une troisième enclave touristique sur l'ile et nécessite la création de douze îlots artificiels, sur une superficie de 700 hectares avec des parcs à thème, des zones résidentielles avec villas et hôtels, une marina, des galeries commerciales etc… (<u>Christine Cabasset, Jean Couteau et Michel Picard La poldérisation de la baie de Benoa à Bali : vers un nouveau puputan ?</u>). Les meneurs de ce projet appartiennent à l'élite économique et militaire indonésienne. Aussi, une opposition très forte contre ce projet existe depuis 2013. Elle s'est structurée autour d'une association nommée ForBALI (Forum du peuple balinais opposé à la poldérisation de la baie de Benoa), l'acronyme montrant ainsi l'ancrage territorial des détracteurs. Ces derniers mettent en avant les conséquences environnementales de la poldérisation sur les mangroves ou encore la question de l'eau. Les retombées socioéconomiques pour les habitants de Bali sont considérées comme mineures par les opposants.

Ce type de conflit, comme celui qui survient à Bali, est banal à l'échelle mondiale. La Martinique, l'ile Maurice, Ibiza ou les Galapagos sont souvent confrontés à des situations plus ou moins semblables, ou la marge insulaire est marquée par des tensions ou des conflits avec un centre, national ou international. Les aspects environnementaux sont régulièrement pointés du doigt par les groupes d'opposants des sociétés insulaires. Ainsi, le tourisme consomme énormément d'eau, alors que certaines îles sont dotées de ressources limitées. Des îles accueillant de très forts flux touristiques, à l'instar de Porquerolles en France ou de Djerba en Tunisie sont confrontées à des pénuries et doivent importer de l'eau du continent. Dans le cas de ces deux îles méditerranéennes, le pic de fréquentation intervient durant l'été, c'est-à-dire pendant la sècheresse. De même, alors que les richesses naturelles de l'archipel des Galapagos constituent le principal facteur d'attractivité pour le tourisme, l'ouverture croissante de ces îles au tourisme international conduit à une dégradation de ce capital naturel. Les invasions d'espèces allochtones (apportées par les touristes ou des acteurs de ce secteur) sont une menace en pleine expansion (<u>Péninsule d'Osa, archipel des Galapagos ile de Pâques : des régions à forte géo diversité. S. Heritier, L. Laslaz (coord.), Les parcs nationaux dans le monde</u>).

Bali ou les Galapagos traduisent en fin de compte l'abandon par des îles d'un modèle de fonctionnement insulaire, marqué par une forte autonomie avec l'extérieur. Au fur et à mesure que les îles sont façonnées comme les espaces privilégiés du tourisme et des loisirs au sein de l'économie-monde, ces dernières accroissent leur ouverture au monde, et perdent les fondements sociaux, économiques et politiques de leur insularité. Néanmoins, cette perte n'est pas toujours subie : certaines sociétés insulaires la souhaitent. Dans certains cas, ce sont même les touristes ou les récréatifs qui désirent de la préserver, dans une logique de protection de l'entre-soi. Le cas de l'opposition à la construction d'un pont reliant l'ile de Ré au continent est à ce titre éclairante : alors que le projet a été soutenu par une large majorité des résidents permanents de l'ile, les opposants se trouvaient plutôt chez les propriétaires de résidences secondaires, qui souhaitaient ainsi préserver leur cadre de vie insulaire.

Ainsi les îles peuvent par le biais du tourisme et des loisirs, devenir des espaces du tourisme et des loisirs, mais aussi des espaces dépendants. Dans un article portant sur les stratégies de développement des îles, Olivier Dehoorne revient un « modèle » de développement des espaces insulaires par le tourisme, le modèle TouRAB (<u>Olivier Dehoorne Les petits territoires insulaires : positionnement et stratégies de développement</u>). Ce modèle marque l'ouverture de l'ile sur le plan économique, mais se traduit par des déséquilibres : crise du foncier (la ressource par excellence sur une ile note-t-il), inflation, crise des activités non touristiques, etc. En mobilisant d'autres auteurs, Olivier Dehoorne note qu'une bonne stratégie de développement qui permettrait d'atténuer les effets négatifs du tourisme passe par le dépassement de cette seule activité. C'est le modèle PROFIT, fondé sur le développement de plusieurs activités, notamment bancaires (cas des paradis fiscaux des Caraïbes). Cette évolution vers des modèles moins déséquilibrés par le tourisme est possible par certaines pratiques de gouvernance. En effet, si les espaces du tourisme et des loisirs peuvent susciter dans les îles des déséquilibres territoriaux que les sociétés estiment néfastes, alors le dépassement des effets négatifs est permis par des modes de gouvernance efficaces. L'objectif pour les sociétés est de contrôler l'extension économique, spatiale, voire politique du tourisme sur leur espace insulaire. Ainsi l'Ile Maurice poursuit une telle stratégie : l'Etat mène une stratégie afin de préserver un tourisme haut de gamme, notamment en maintenant élevé le prix des billets aériens et en refusant les vols charters.

Pourtant, l'État, dans le contexte de la mondialisation, n'est plus qu'un acteur parmi d'autres. La gouvernance et la régulation du tourisme et des loisirs doivent prendre en compte de nombreuses contraintes. Ainsi, dans la perspective de préserver son capital environnemental et parfaire sa notoriété en tant que destination prestigieuse, l'État des Seychelles avait décidé dans de fixer un plafond de lits disponibles au début des années 90.

Les autorités de l'ile craignaient que le développement d'un tourisme de masse désorganise l'espace national et dégrade la qualité de la destination. Pourtant, cet objectif a dès 1997 était abandonné, le pays ayant besoin d'un plus grand nombre de devises étrangères (Jean-Christophe Gay Tourisme, politique et environnement aux Seychelles)

L'imaginaire faisant des îles les espaces par excellence des vacances et du tourisme, notamment balnéaire, se construit par la fabrication d'espaces insulaires conformes aux canons de la culture touristique mondialisée. De Bali à Djerba, de l'Ile Maurice aux Caraïbes, les mêmes standards et pratiques se diffusent. Sur le marché du tourisme et des loisirs, le produit insulaire est encore un succès loin d'être démenti. Si l'isolement spatial constitue la ressource fondamentale, il ne s'agit nullement d'une donnée naturelle intangible : comme toute autre ressource, l'isolement est socialisé, négocié par les sociétés et acteurs. Les îles sont aussi intensément mises en scène pour conforter l'image voulue par les touristes : une marge de l'espace-temps dans une vie rythmée par le travail. Ainsi, les espaces insulaires ne doivent leur attractivité, ni au hasard, ni à un déterminisme naturel : les espaces du tourisme et des loisirs dans les îles constituent ainsi parmi les espaces les plus appropriés et aménagés par les sociétés humaines. Pourtant, il serait faux de considérer les espaces insulaires, dans leur rapport avec le tourisme et les loisirs, simplement en termes d'atouts. Les îles ont aussi des contraintes, écologiques notamment. Aussi, le rôle assigné aux espaces insulaires dans le contexte de la mondialisation ne se fait pas sans tensions. En somme, les îles sont, contrairement à ce que vantent les professionnels du tourisme, travaillés par des conflits d'usage, des représentations parfois antagonistes où d'autres activités que le tourisme et les loisirs persistent. Loin d'être exceptionnelles, en dépit de leur singularité certaine, les îles sont, pour le géographe, des espaces banals.

La nature, objet récréatif

Découvrir la nature sur son temps libre est aujourd'hui une pratique de plus en plus partagée, au point qu'une forme de tourisme, l'écotourisme, lui est soit totalement consacrée. Contempler un paysage de montagne, parcourir la campagne à pied ou à cheval, descendre des rivières en kayak, ramasser des fleurs sauvages ou encore grimper des sommets constituent ainsi des loisirs qui se diffusent dans le monde entier. La nature est un mot polysémique, qui a plusieurs sens fondamentaux, désigne de manière commune l'environnement biophysique, l'habitat et les milieux dits naturels (terrestres), aquatiques ou marins en particulier ceux qui sont préservés (à forte naturalité) et dégradés. Dans cette perspective, la nature peut aussi se comprendre comme l'ensemble de ce qui existe sur Terre, sans l'influence de l'Homme. Cette approche, très centrée sur une vision occidentale du monde, amène à une contradiction fondamentale : étant donné le très fort contrôle des sociétés sur le milieu terrestre, il est possible de considérer qu'au sens strict, il n'y a pas plus d'espaces naturels sur Terre. Cette remarque fait écho aux questionnements actuels de la géographie (<u>La nature a-t-elle encore une place dans les milieux géographiques ? Sous la direction de Paul Arnould et Eric Glon</u>).

Dans le même temps, s'observe en Occident notamment, une prise de conscience progressive au sein des sociétés, quant à la fragilité du milieu terrestre, confronté à des risques, qui pourraient durement impacter lesdites sociétés. Aussi, cette prise de conscience s'accompagne d'un désir de réappropriation des choses naturelles, en particulier la faune et la flore. C'est dans ce contexte ambigu que se déploient de nouveaux usages récréatifs de la nature, c'est-à-dire des usages visant à utiliser cette nature sur le temps libre, à des fins d'amusement et de distraction. Cette dynamique conduit à de profondes ruptures quant à l'utilisation des espaces, non seulement à forte naturalité, mais aussi des espaces plus ordinaires des sociétés urbaines. Ainsi, dans quelle mesure l'intégration de la nature dans la sphère récréative conduit-elle à un bouleversement profond des territorialités des sociétés, tout en reconstruisant une nature à la fois idéalisée et conforme aux attentes de la culture récréative mondialisée ?

La nature alimente un imaginaire puissant et pluriel, car fondé sur la négation du milieu de vie urbain. Cet imaginaire est d'ailleurs au cœur de pratiques de plus en plus diverses. Imaginaire et pratiques récréatives de la nature viennent d'abord de l'Occident, mais sont diffusés partout grâce à la mondialisation. Aussi, les impacts sur la nature ainsi que les sociétés demeurent profondément ambigus au point que la question de la durabilité de cet engouement récréatif soit posée.

Georges Rossi (<u>Georges Rossi L'ingérence écologique</u>) a souligné l'importance de l'usage récréatif de la nature au sein des sociétés ayant une relative indépendance vitale vis-à-vis de celle-ci. Ainsi, dans les sociétés urbaines des pays développés, la nature fait l'objet d'intenses politiques de protection et d'aménagement, notamment à des fins récréatives. Or, ces sociétés tentent de diffuser ce modèle et ses pratiques dans le monde entier.

Cette tendance ne s'explique pas le produit de prise de conscience environnementale : la nature est aussi protégée et appropriée parce qu'elle est désirée. En effet, un imaginaire aussi puissant que pluriel lui est associé dans les sociétés occidentales fortement urbanisées et industrialisées, imaginaire se diffusant par la mondialisation. Cet imaginaire n'englobe pas toutes les dimensions physiques et matérielles, elle sélectionne uniquement certains éléments. Ainsi, Martine Tabeaud a montré que la pluie, après avoir été pendant longtemps, et ce dans de nombreuses cultures, un météore apprécié par les sociétés, symbole de fécondité, faisant un lien entre le ciel divin et la terre humaine, est aujourd'hui plus négativement appréciée (<u>Martine Tabeaud Une relation ambivalente à la nature : l'exemple de la pluie[5]</u>). En effet, la pluie peut perturber bon nombre d'activités récréatives. À l'inverse, la récréation des individus est associée à une autre météo : celle du temps ensoleillé et chaud, permettant une large gamme d'activité, dont les loisirs balnéaires.

La nature est donc très inégalement intégrée à la culture récréative mondialisée. Son intégration dépend d'une médiation sociale : composée d'une multitude d'éléments physiques, seuls ceux qui constituent des ressources récréatives sont appréciés. La nature est donc très fortement socialisée : les conséquences sur l'espace sont colossales. Ainsi, seule une partie des espaces « naturels » sont visités et pratiqués. Ces espaces sont appréciés pour leur valeur esthétique. Ainsi, au sein des espaces montagnards, les éléments particulièrement valorisés par les activités récréatives sont remarquablement déconnectés aux territorialités agricoles : hautes, cimes, glaciers, crêtes sont considérés comme des éléments dignes d'être contemplés. Rémi Knafou a analysé la construction d'un célèbre

---

[5] Ce chapitre est extrait de ce livre : ARNOULD, Paul. La nature a-t-elle encore une place dans les milieux géographiques ? Publications de la Sorbonne, 2005.

lieu « naturel » par le tourisme : la Mer de Glace. Dépourvu de valeur aux yeux de la société locale de Chamonix avant l'irruption du tourisme, le célèbre glacier en prit lorsque le regard enchanté de citadins extérieurs à la vallée se posa sur lui au XIXe siècle (<u>Rémi Knafou. L'invention du lieu touristique : la passation d'un contrat et le surgissement simultané d'un nouveau territoire</u>).

La dimension culturelle est donc fondamentale dans les espaces naturels de la récréation des individus. Aussi, cette dimension peut prendre des formes multiples. Des espaces « naturels » peuvent ainsi servir d'emblème national : les espaces sont alors protégés puis visités. Cela est souvent le cas des montagnes, à l'instar du mont Triglav, point culminant de la Slovénie, véritable symbole national présent sur le drapeau de l'état alpin. L'ascension de ce sommet est considérée comme un devoir à faire par tout slovène. Au-delà de hauts-lieux emblématiques, le lien avec la nation se retrouve aussi dans la pratique d'espaces « naturels » et ruraux qui sont considérés comme les refuges des valeurs et de l'identité. Ainsi, Emmanuel Véron a développé une réflexion autour de l'articulation entre identité, tourisme et nouvelles pratiques dans l'espace rural. Il note que l'espace rural que les citadins chinois partent découvrir est chargé de valeurs dans lesquelles il se reconnait en tant que chinois (<u>Emmanuel Véron Les espaces ruraux touristiques dans le delta du Yangzi, entre intégration ville-campagne et développement rural.</u>.). Dans la périphérie rurale de Shanghaï, la nature est aménagée afin de correspondre à une image archétypale qui conviendra au citadin de la grande métropole, qui pratique cet espace sur son temps libre. Ainsi, l'île de Chongming, située dans le delta du Yangzi est particulièrement appréciée pour ses zones humides, ses forêts luxuriantes, mais aussi ses cultures maraichères et ses rizières. Une de ses attractions est le village reconstitué de Qianwei. Ainsi, l'habitant de Shanghaï peut retrouver dans un cadre naturel préservé, une campagne chinoise idéalisée et esthétisée par les aménités naturelles du site.

L'exemple de Shanghaï montre aussi l'importance du fait métropolitain dans la construction d'espaces naturels récréatifs. En effet, ces espaces sont façonnés par les attentes de leurs usagers. Cela signifie que la nature des espaces récréatifs est idéalisée selon des critères esthétiques ou philosophiques correspondant à leurs attentes. C'est typiquement le cas de la wilderness nord-américaine. Ce terme anglais n'a pas de traduction totalement satisfaisante en français, et son usage dans un contexte européen demeure délicat. Elle s'identifie à des milieux naturels vierges couvrant souvent de vastes superficies et constitue un des fondements des sociétés nord-américaines. Aujourd'hui, alors les pratiques récréatives se multiplient, elle renvoie à une expérience largement pratiquée. Paul Arnould et Éric Glon notent que la nature particulièrement spectaculaire est souvent très proche des centres urbains. Les Américains et les Canadiens s'y rendent pour la journée, la fin de semaine ou pour un séjour plus long que ce soit pour une pratique sportive (canoë, ski, cheval, alpinisme, randonnée, etc.), la chasse, la pêche ou tout simplement pour se reposer dans un chalet en jouissant du paysage. L'imaginaire de la wilderness est alimenté par des revues spécialisées comme National geographic ou Canadian geographic (<u>Paul Arnould et Éric Glon Wilderness, usages et perceptions de la nature en Amérique du Nord.)</u>

L'influence des citadins sur les espaces « naturels » conduit à des aménagements afin de rendre ces espaces praticables en toute sécurité : les espaces « naturels » se dotent ainsi de routes, de passerelles, de barrières de sécurité, de refuges, de maisons du parc ou de la réserve ou d'abri, afin de permettre la jouissance des aménités naturelles sans rupture significative avec le fait urbain. Dans cette perspective, la pratique de la nature à des fins récréatives s'oppose à la « nature sauvage » et dangereuse qui marque les représentations de nombreuses sociétés confrontées à des risques naturels prononcés, ne permettant pas un mode de vie en indépendance totale avec la nature. Les pratiques récréatives écartent ainsi généralement les dimensions de risque, sauf quand celui-ci est précisément recherché pour s'accomplir.

En effet, certaines pratiques récréatives de la nature sont fondées sur la recherche du danger et un isolement extrême dans un environnement extrême. Dans cette perspective, la nature constitue une matrice du dépassement de soi, au péril de sa vie. Cela explique le succès d'entreprises récréatives dans des environnements naturels difficiles pour la vie humaine, comme l'ascension de l'Everest. Grimper l'Everest, c'est note Étienne Jacquemet, devenir un héros, puisqu'il est nécessaire de braver une nature particulièrement hostile : chutes de séracs, traversée de cascades de glace, risques d'avalanche, pentes raides, corniches à pic, le tout dans des conditions atmosphériques extrêmes. (<u>Étienne Jacquemet. De la fabrique des héros à la fabrique du territoire, le cas du Solukhumbu dans la région de l'Everest, Népal</u>). À l'inverse, dans certains loisirs, le risque parait insupportable, et c'est la nature qui pose problème, car elle ne permet pas la récréation en toute sécurité. Cette logique est parfaitement illustrée par la « crise-requin » à la Réunion : la hausse des attaques de requins ces dernières années sur l'ile française a conduit à un violent conflit d'acteurs, entre d'une part des organisations de surfeurs, des associations de baigneurs, et d'autres parts, des associations écologistes.

La nature mobilise donc plusieurs imaginaires récréatifs, qui convergent vers l'idée de s'échapper d'un univers urbain. Ces imaginaires s'articulent avec des pratiques récréatives de plus en plus diverses, qui tendent à se diffuser dans le monde.

Le tourisme et les loisirs modernes se diffusent dans le monde. Or, la culture touristique mondialisée valorise les usages hédonistes, récréatifs et éducatifs de la nature.

Cette diffusion a donc de très forts impacts sur les espaces « naturels ». Ainsi, dans tous les pays du monde, il est possible de trouver des zones naturelles protégées, servant à la fois de sanctuaire écologique pour la faune et la flore, et de zone récréative.

À l'échelle mondiale, les espaces « naturels » les plus mis en récréation se situent dans les pays développés. Ces espaces se retrouvent au voisinage des grandes métropoles (Shanghaï et Chongming, Los Angeles et Palm Springs…), dans les zones de montagne, à l'exception de celles situées dans les hautes latitudes et dans les régions de faibles densités. La géographie des foyers de peuplement dans les pays développés est fondamentale pour saisir les logiques d'appropriation récréative des espaces « naturels » : ce sont en effet les espaces « naturels » les plus proches de ces foyers qui sont les plus intensément aménagés pour répondre aux besoins de nature des urbains.

Cependant, dans le reste du monde, il convient de ne pas sous-estimer les flux touristiques, notamment domestique, entre les foyers de peuplement et les espaces « naturels ». Dans certains pays aux revenus moyens, comme l'Argentine, les mobilités touristiques à destination de sites naturels prestigieux sont en plein essor. À ces dynamiques, se greffent des mobilités internationales. Certaines sont captées par des hauts-lieux naturels prestigieux, souvent protégés par des réserves naturelles ou des parcs, voire classés à l'UNESCO. Ces hauts-lieux attirent un tourisme international. Les chutes d'Iguaçu, les chutes de Victoria, le Kilimandjaro, le Mont-Blanc, les Galapagos, la Vallée de la Mort, l'Ayers Rock, ou la baie d'Along constituent des exemples remarquables de hauts-lieux drainant des flux touristiques considérables, flux qui sont d'ailleurs à l'origine d'organisations spatiales spécifiques, permettant la valorisation de la nature à des fins récréatives.

Cela est par exemple le cas du Kilimandjaro assure un dynamisme économique à tout un espace régional. Juhane Dascon a montré que l'organisation spatiale de cette « montagne-monde » s'appuyait avant tout sur des villes aux tailles et aux fonctions différentes (<u>Juhane Dascon D'une ressource à l'autre en terre chagga : paysannerie et tourisme au Kilimandjaro</u>). Au sommet de cette hiérarchie urbaine, la ville d'Arusha joue un rôle d'organisation et de redistribution des flux touristiques. Juhane Dascon note que cette ville, située non loin du Mont Méru est un point nodal, du fait de l'arrivée des touristes internationaux depuis le Kenya moyen. La ville accueille donc des tour operator et des ONG spécialisées dans le tourisme culturel. Plus près du Kilimandjaro, Moshi est le second pôle régional. La ville est une souvent une étape des touristes : de nombreux hôtels sont présents de même que des cybercafés. Encore plus proche du Kilimandjaro, la ville de Marangu constitue selon Juhane Dascon, le centre historique du tourisme local. C'est une porte d'entrée du parc national du Kilimandjaro. L'empreinte du tourisme est massive : les noms des cafés et des hôtels empruntent à l'imaginaire de la culture touristique mondialisée (Trekking bar, Alpin kiosk…). Deux autres villages, plus modestes, complètent ce réseau : Machame et Mweka, qui sont aussi des "gates", portes d'entrée ou de sortie, cette situation leur permettant également le développement d'activités commerciales (notamment vente de souvenirs…).

Ainsi, dans les hauts-lieux mondialisés de la nature, des organisations spatiales et sociales similaires se mettent en place. Ces lieux sont notamment façonnés pour répondre en matière de confort, mais aussi en matière de construction de l'exotisme, aux exigences des touristes occidentaux. Nature et culture sont donc mises en scène pour la récréation de ces touristes. Le cas du Kilimandjaro est intéressant, car il illustre aussi l'intégration de sociétés paysannes, se servant traditionnellement de la nature comme support de production, à l'économie-monde via le tourisme. Dans cette perspective, la nature devient un produit marchand et aménagé pour répondre aux touristes et excursionnistes.

À l'échelle mondiale, de nombreux « espaces naturels » font l'objet d'une mise en récréation progressive. Des « fronts touristiques » impactent des zones naturelles reculées, à l'instar des hautes latitudes ou des déserts. Pour permettre l'appropriation de ces espaces à des fins récréatives, les acteurs du tourisme doivent reproduire les équipements standards diffusés par la culture touristique mondialisée. Aussi, comme le cœur de l'activité récréative est la découverte de la nature, une place importante est accordée au respect de l'environnement. Ainsi, alors que la Jordanie est relativement peu identifiée comme une destination touristique pour la découverte de la nature, les autorités politiques du pays ont monté un projet de mise en tourisme, articulé à un espace protégé. En effet, la réserve sauvage de Dana, réserve de 300km² située dans le rift jordanien, en milieu semi-aride, est aujourd'hui mise en avant comme lieu phare de découverte de la nature de ce pays. Afin d'accueillir les visiteurs dans de bonnes conditions, un établissement, le Feynan Ecolodge a été construit : il fait à la fois refuge, restaurant et hôtel. Les chambres reconstruisent un cadre orientaliste, et l'établissement, considéré comme « éco-exemplaire » par des bloggeurs occidentaux, s'attache à suivre des engagements environnementaux fortement appréciés en Occident : production d'électricité à l'énergie solaire, fruits et légumes venant de circuits courts, etc. Les activités proposées s'articulent autour de la découverte de la nature, notamment de la faune sauvage.

Le succès de ces régions « naturelles » très peu peuplées s'explique par les exigences formulées par un nombre croissant de touristes. Ces derniers sont à la recherche d'authenticité, de voyages en dehors des sentiers battus et originaux. Ainsi, des espaces périphériques mondiaux peuvent s'insérer dans l'économie-monde grâce à la valorisation de leur patrimoine naturel. L'environnement naturel de ces régions, particulièrement rude, peut même devenir un atout. Cette tendance a été mise en évidence par Antoine Delmas, Amina Fellah et Michel Desse dans un article consacré au tourisme au Sahara et au

Groenland (<u>Antoine Delmas, Amina Fellah, Michel Desse Le Saharien et l'Inuit du Groenland. Deux images identitaires pour valoriser des régions touristiques périphériques</u>[6]). Mais plus que le cadre naturel, l'objet principal du voyage et de la récréation est la rencontre avec les habitants de ces environnements considérés comme rudes. Mais cette attente des touristes conduit à de spectaculaires mises en scène, car les touristes ne non pas en quête de réalité, mais en quête de leur imaginaire et de leurs espérances. Ainsi, au Groenland, l'immersion au cœur du mode de vie d'une famille « typiquement groenlandaise » constitue le point d'orgue du voyage organisé : les touristes se rendent dans un cadre idéalisé, entre maisons typiquement groenlandaises et icebergs, pour contempler des préparations culinaires, à base d'animaux chassés.

Aussi, la nature est un objet récréatif qui peut être beaucoup plus ancré dans le quotidien. Elle est donc mise en scène dans les espaces les plus ordinaires, s'intégrant ainsi aux loisirs. Elle est donc un objet récréatif recherché en dehors de la sphère touristique. Cette tendance est extrêmement lourde, notamment en Occident. Cela explique l'émergence et l'explosion de migrations d'agrément.

La géographe américaine Laurence Moss (<u>Laurence Moss Amenity Migration Transforming Rural Culture, Economy and Landscape</u>) a produit un travail majeur depuis les années 80 pour théoriser les migrations d'agréments. Cette théorisation s'appuyait sur le constat d'un renversement des tendances démographiques dans de nombreux espaces ruraux américains. Ces espaces ruraux gagnent de nouveaux habitants du fait des aménités naturelles qu'ils proposent à des populations de plus en plus sensibles à celles-ci. En partant de l'idée que c'étaient ces aménités qui conduisaient des populations à s'installer dans des régions moins dynamiques sur le plan économique, Laurence Moss a théorisé l'existence de facteurs facilitateurs et motivateurs, permettant l'existence des migrations d'agréments. Les facteurs facilitateurs sont l'amélioration signification des réseaux de transports et de communication ou encore des infrastructures résidentielles, alors que les facteurs motivateurs concernent l'intérêt croissant porté pour la nature, la spiritualité et les loisirs. Ainsi, des espaces ruraux et montagnards occidentaux sont aujourd'hui dynamisés par les opportunités récréatives offertes par leur nature, et ce, même en dehors du tourisme. Cela explique largement la hausse des prix de l'immobilier dans certains espaces ruraux français pourtant relativement éloignés de grands bassins d'emplois, le Lubéron constituant l'exemple le plus remarquable. Ainsi, dans le contexte français, la renaissance rurale théorisée par (<u>Bernard Kayser La Renaissance Rurale, sociologie des campagnes du monde occidental</u>) s'appuie sur l'importance accrue prise par l'économie présentielle (<u>Laurent Davezies La République et ses territoires : la circulation invisible des richesses</u>), grâce au

---

[6] Ce chapitre est extrait de ce livre : BLONDY, Caroline, BERNARD, Nicolas, et DUHAMEL, Philippe. Tourisme et périphéries, la centralité des lieux en question. Presses Universitaires de Rennes 2017.

développement d'une nouvelle sensibilité envers les aménités naturelles de la campagne.

La diffusion de pratiques récréatives dans les espaces de nature est attestée à toutes les échelles. Ce processus entraine donc des conflits entre acteurs.

Les nouveaux usages récréatifs de la nature posent la question de leur durabilité. En effet, de nombreux acteurs (ONG, résidents, etc.) pointent du doigt les effets du tourisme et des loisirs sur la nature. Cependant, au-delà de ces discours très courants dans les médias, il convient d'adopter une approche nuancée quant aux effets réels des activités récréatives (positifs ou négatifs) sur la nature. Aussi, la durabilité demeure un concept flou en géographie : la durabilité est une notion à double sens, recouvrant celle de durée et celle de soutenabilité sur le plan économique, social et environnemental. La durabilité est difficilement quantifiable et mesurable. L'approche par la capacité de charge, largement employée par des acteurs de la protection de la nature, est ainsi très critiquée par des géographes à l'instar d'Olivier Lazzarotti (<u>Olivier Lazzarotti Patrimoine et tourisme : histoire, lieux, acteurs, enjeux</u>). Pour lui la capacité de charge implique que les sociétés humaines fonctionnent sur le même modèle que les autres espèces vivantes. Cette conception humaine, socio biologique, vaut ironiquement comme négation de l'humain et la spécificité de ses sociétés. Il note aussi qu'un seul touriste peut engendrer à lui seul plus de destructions sur un patrimoine naturel que plusieurs milliers de visiteurs.

Cependant, les exemples de fragilisation de milieux naturels suite à leur mise en récréation sont extrêmement courants. Le cas des îles est particulièrement problématique, en raison de la particularité des écosystèmes, liés au fort taux d'endémisme. Ainsi, aux îles Galapagos alors que les richesses naturelles de l'archipel constituent le principal facteur d'attractivité pour le tourisme, l'ouverture croissante de ces îles au tourisme international conduit à une dégradation de ce capital naturel. Les invasions d'espèces allochtones (apportées par les touristes ou des acteurs de ce secteur) sont une menace en pleine expansion. Ainsi, les aménageurs doivent adapter les espaces naturels à l'accueil du public par le biais de plusieurs dispositifs. Ces aménagements visent à rendre non seulement compatibles tourisme et nature, mais aussi à faire de cette alliance, un fondement de la protection.

Ainsi, Olivier Lazzarotti souligne les effets positifs du tourisme sur le patrimoine, notamment naturel. À ce titre, les exemples de réserves naturelles financées par les touristes et excursionnistes ne manquent pas dans la littérature. Le cas du parc national du Yellowstone est célèbre. De véritables complexes touristiques ont été créés à l'intérieur du parc avec des parkings, des restaurants et des hôtels et permettent le financement de la protection du parc. Quant aux destructions faites par les touristes, la logique d'aménagement tend à les limiter spatialement : les touristes sont concentrés sur des spots, les « honey pots », c'est-à-dire que seulement certains lieux stratégiques seront accessibles aux touristes. Ces derniers vont perturber 5 % de la surface du parc.

Outre la concentration spatiale, une autre stratégie en vigueur est de jouer sur la sélection à l'entrée, notamment en limitant les flux et en instaurant un prix de visite très élevé. C'est ainsi la stratégie employée par la réserve des gorilles de montagne dans les Virunga au Rwanda. Dans cette réserve, les visiteurs, pour la plupart touristes étrangers à hauts revenus, ont un rôle organisateur majeur : les frais qu'ils paient pour entrer dans la réserve (près de 500$ par personne et par jour), assurent un financement permettant le développement du Rwanda. Néanmoins, les autorités de la réserve considèrent que les visites dans la réserve doivent être régulées, du fait du risque de perturbation de l'environnement des gorilles ou pire, de propagation de maladies, des humains vers les singes. Ainsi, il n'y a pas plus de 32 visiteurs par jour dans la réserve. (<u>Gaspard Rwanyiziri. Les aires protégées à l'épreuve de la pression démographique et de la pauvreté. Le cas du Parc National des Volcans (Rwanda)</u>)

Cet exemple amène ainsi à interroger l'accès à la nature récréative. Il est clair que la nature considérée comme la plus précieuse, à l'instar de la mégafaune africaine, n'est accessible qu'à une minorité fortunée. Mais au-delà de cet exemple radical, l'accès à la nature récréative demeure une problématique très forte. Par exemple, dans la péninsule d'Osa de nombreux acteurs ont pour stratégie d'éviter le développement du tourisme de masse. Ils s'appuient pour cela sur la protection de la nature. Le parc national du Corcovado est l'un de ces acteurs. En raison d'une ouverture géographique croissante, la direction du parc estime que la maitrise de la fréquentation du parc constitue un enjeu de protection majeure. L'accès aux plages est notamment particulièrement contrôlé, afin de préserver les écosystèmes côtiers et permettre la reproduction des tortues marines. Dans le même temps, la ville de Pueto Jimenez devient de plus en plus dépendante de l'économie touristique. En fait, en dépit de la prise en compte de la massification du tourisme, le parc national semble avoir des difficultés à poursuivre ses objectifs de limitation de la fréquentation. Pourtant, il n'est guère certain que la péninsule d'Osa connaisse un tourisme de masse, à l'instar des grandes balnéaires comme Cancún ou Acapulco. En effet, ce qui limite l'essor d'un tourisme est l'achat massif des terres par de riches Américains, qui construisent de grandes villas, avec de vastes terrains. Certaines de ces propriétés comprennent notamment une réserve écologique privée, assurant ainsi une fonction de protection de la faune et de la flore. Pourtant, l'objectif est ailleurs : les acheteurs américains font l'acquisition de ces propriétés à des fins récréatives. Ils souhaitent profiter du climat, de la nature et de la plage. Par conséquent, l'acquisition de réserves écologiques privées doit plus se voir comme une stratégie de préservation de l'entre-soi, limitant de fait une démocratisation du tourisme, plutôt que l'expression d'une volonté de protection de la nature complètement désintéressée.

Ainsi, les stratégies de patrimonialisation de la nature peuvent en fait cacher une appropriation discrète par certains groupes sociaux, afin qu'ils en jouissent en exclusivité, à des fins récréatives. Cette logique se retrouve aussi dans les métropoles européennes : les espaces naturels récréatifs constituent une ressource et influencent les prix de l'immobilier. À Paris par exemple, les logements situés à proximité immédiate du parc Monceau sont plus chers que les autres du quartier. La vue sur le parc ou sa proximité directe constitue des atouts, justifiant un prix plus élevé sur le marché.

Aussi, en devenant un objet central, la nature peut marginaliser les sociétés locales. En effet, si les touristes et excursionnistes pratiquent un espace, afin d'y découvrir la nature, cela peut se faire au détriment des territorialités, notamment rurales, de la société locale. Cette dernière se retrouve donc en marge. Samuel Depraz parle d'un retournement territorial, se produisant au profit des espaces protégés (forêts, zone humide, sommet…) (Samuel Depraz. Géographie des espaces protégés). Un exemple de cette situation est donné par la vallée du Valgaudemar, vallée très en marge des Alpes entre Gap et Grenoble, Nicolas Savelli observe que le tourisme demeure très concentré dans la haute-vallée entre le village de La Chapelle et les refuges. (Nicolas Savelli Géopolitique touristique d'un « bout du monde » le développement territorial du Valgaudemar en questions). Ainsi, si l'émergence de la pratique estivale de la montagne permet de dynamiser des marges autrefois pratiquées uniquement par des bergers en ancrant une véritable activité (les refuges sont gardés, proposent l'hébergement et la restauration), l'activité touristique se situe en dehors des espaces centraux de la société locale, situés dans les villages. Il n'y a pas de contradiction fondamentale à ce phénomène, puisque ce n'est pas la société locale qui constitue l'objet désiré de la récréation des individus, mais la nature de la haute-montagne. La société locale et ses espaces centraux se retrouvent donc paradoxalement mis à la marge par le tourisme en haute-montagne.

Cette mise à la marge de la société locale par le retournement territorial opéré par la mise en récréation de la nature explique bien les nombreuses oppositions de mise en protection d'espaces naturels. En France, cette opposition est notamment structurée par Le Collectif National des Racines et des Hommes, ayant à sa tête l'ancien candidat à l'élection présidentielle Jean Lassalle. Ce collectif est notamment en pointe dans l'opposition au projet de parc national des forêts de Bourgogne et Champagne, prévu en Haute-Marne et Côte d'Or. Ce projet, prévu sur un territoire très affecté historiquement par l'exode rural, ayant une très faible densité de population (parfois 10 habitants au km²), et dont la dynamique démographique demeure encore négative, a été conçu par l'État afin de protéger des forêts, mais aussi développer sur ce territoire une offre récréative. Mais cette stratégie ne fait pas l'unanimité : le parc national n'est pas perçu comme une opportunité de développement, mais comme une mise sous cloche d'un espace vécu et approprié par une entité extérieure.

Ainsi, la protection par l'instauration de parcs nationaux et de réserves naturelles constitue certes un instrument puissant pour valoriser les opportunités récréatives de la nature, mais cette solution n'est pas exempte de conflits. Si en Europe et en Amérique du Nord, les conflits ont tendance à se réguler par des voies démocratiques, la concertation et le droit, en revanche, dans certaines régions du monde, la mise sous cloche se traduit par des violences. Ainsi, les parcs nationaux africains sont confrontés à de multiples violences. La création de parcs nationaux en Afrique s'inscrit dans des logiques de pouvoir : les états tentent ainsi de contrôler des espaces périphériques, tout en captant des aides internationales pour leurs efforts de protection environnementaux. Certains espaces protégés visent aussi à développer du tourisme. Mais ces politiques se font parfois dans la violence. Un exemple est donné par le territoire de chasse du corridor de Kibale en Ouganda. Ce territoire est une réserve forestière, où la chasse de loisir est proposée à de riches touristes étrangers. Mais l'instauration d'une telle réserve s'est faite dans la violence en avril 1992, avec notamment l'expulsion de 35 000 personnes. Pour ces réfugiés, l'expulsion a conduit à des pertes de terre, de maison, d'une dégradation de l'accès à une alimentation saine (<u>Feeney, P. 1998. Accountable Aid: Local Participation in Major Projects</u>).

La conclusion de l'ouvrage sous la direction de Paul Arnould et Eric Glon intitulé « <u>La nature a-t-elle encore une place dans les milieux géographiques ?</u> » a pour titre « Oui », répondant ainsi à la principale interrogation soulevée. Il est tentant d'y ajouter « en tant qu'objet récréatif ». En effet, le succès de la mise en récréation de la nature conduit à une telle transformation des territorialités des espaces naturels, parfois au détriment des sociétés locales, mais également parfois à leur avantage, que cet objet si insaisissable parait avoir trouvé une nouvelle fonction hégémonique. Certes, certains espaces naturels sont totalement mis sous cloche : des réserves biologiques intégrales ne permettent pas une simple randonnée. Mais ces réserves participent pleinement à la construction d'un imaginaire puissant, rendant la nature profondément désirable. Jamais autant la nature n'a été aimée du moins en Occident et dans les espaces qui sont sous son influence récréative. Cet amour conduit donc à parcourir à des fins récréatives les espaces « naturels » les plus reculés et ainsi les insérer dans la société-monde ; à l'échelle locale, c'est la nature qui est ramenée dans les environnements urbains. Mais cette formidable attraction de la nature masque mal des conflits entre acteurs, du fait de la diversité des représentations qu'elle génère, mais aussi tout simplement parce qu'elle constitue une ressource, au fond banale, car appropriée, contestée et règlementée. C'est cette ressource qui en fait un objet social, aussi légitime et qu'incontournable dans les sciences humaines qui quand il s'agit de comprendre le tournant récréatif des sociétés d'aujourd'hui.

Le tourisme et les loisirs, organisateurs et désorganisateur d'espaces

Le tourisme doit être compris comme un système d'acteurs, de pratiques et d'espaces qui participent à la 'recréation' des individus par le déplacement et l'habiter temporaire hors des lieux du quotidien" (<u>Rémy Knafou et Mathis Stock, "Tourisme", dans Jacques Lévy et Michel Lussault, Dictionnaire de la géographie et de l'espace des sociétés,</u>). Au singulier, le loisir réfère au temps affranchi des exigences du temps contraint, en particulier du temps travaillé. Au pluriel, les loisirs se réfèrent à l'ensemble des activités récréatives s'exerçant autant dans l'espace local et le temps du quotidien, que dans l'espace-temps du tourisme. Les tourismes et les loisirs, en dépit de l'immense essor qu'ils connaissent à l'échelle mondiale, ne sont pas unanimement perçus comme des vecteurs d'organisation des espaces, organisation devant ici être entendu comme un ensemble agencé et structuré, permettant une unité fonctionnelle des espaces, c'est-à-dire de portions de l'écorce terrestre. Au contraire, ils essuient un nombre croissant de critiques, notamment au sein de la littérature scientifique, pour leurs effets désorganisateurs, c'est-à-dire déstructurant, perturbateurs, en somme négatifs pour les sociétés et leurs espaces. Un tel constat étonne quand on observe la croissance économique de ces secteurs : alors que tourismes et loisirs sont de plus en plus plébiscités, au point de devenir des piliers fondamentaux sur le plan économique, les effets environnementaux, sociaux et culturels qu'ils génèrent en font des activités ayant une image dégradée.

Un tel paradoxe interroge le géographe. Si le tourisme et les loisirs sont à la fois un nouveau fondement économique pour bon nombre d'espace, bien qu'ils génèrent en même temps des externalités qui les désorganisent, les recompositions qu'ils génèrent sur lesdits espaces doivent être de nature complexe, changeante, en rien définitive. Ainsi, dans quelle mesure les dynamiques de développement et d'exploitation des activités de tourisme et des loisirs génèrent-elles des effets imbriqués dans l'organisation et la désorganisation des espaces, si bien que la perception des recompositions selon une telle grille s'avère difficile sans recourir aux points de vue des acteurs ?

Tourismes et loisirs réinterrogent la place des autres fonctions des espaces, et ce, de manière contradictoire, favorisant tantôt les autres dynamiques territoriales tantôt en les annihilant. Aussi, tourismes et loisirs portent en eux leurs propres dynamiques d'organisation et de désorganisation sur les espaces, du fait des problèmes qu'ils peuvent induire. Enfin, il convient d'analyser le point de vue d'acteurs, car ce sont eux qui, en agissant sur les espaces en question, peuvent définir ce qui organise et désorganise.

Tourismes et loisirs englobent un ensemble d'activités socioéconomiques plutôt récentes. Ainsi, ces activités s'inscrivent généralement dans des espaces animés par d'autres fonctions, qui les organisent et les déterminent morphologiquement. Le développement de ces espaces déjà organisés d'activités touristiques et de loisirs, induit ainsi des dynamiques de réorganisations spatiales ou alors de désorganisation. Cela est d'autant plus vrai que loisirs et tourismes connaissent un essor spectaculaire dans le monde. Dans de nombreux pays, ils constituent le domaine économique le plus dynamique, pourvoyeur d'emploi et de devises. L'essor de ce domaine est encore plus spectaculaire dans les pays en voie de développement, historiquement largement marqués par une économie agricole ou liée à l'élevage et à la pêche. Ainsi, au Cap-Vert, l'économie était avant le développement du tourisme, fondée sur les revenus de l'agriculture et les transferts de l'émigration vers le pays d'origine. Or, depuis les années 90, les revenus issus du tourisme sont en train d'exploser : en 2011, le tourisme pesait près de 20 % du PIB alors qu'il n'était à peine de 8 % en 2000. Le secteur emploie près de 24 000 personnes soit un emploi sur cinq (_Jean-Marie Furt, Caroline Tafani (dir) Tourisme et insularité. La littoralité en question(s). Une analyse du tourisme internationale. Le cas du Cap-Vert. Tomas Lopez-Guzman_). Cet essor réorganise en profondeur les fondements économiques et les logiques territoriales de l'île. D'une part, la hausse des revenus permet des investissements dans des infrastructures de développement comme des écoles et des hôpitaux. Elle induit aussi une baisse de la part de l'emploi agricole ; aussi la superficie agricole recule, tandis que la consommation croissante d'eau par le secteur du tourisme génère de nouveaux conflits d'usage. Ainsi, le tourisme désorganise et réorganise en profondeur les espaces au Cap-Vert : les dynamiques sont d'ailleurs imbriquées entre désorganisation et réorganisation, car les ressources naturelles et financières se recomposent en profondeur dans des dynamiques contradictoires.

Aussi, il serait exagéré de considérer la fonction agricole de l'espace du Cap-Vert comme uniquement en régression du fait de la progression du tourisme. Si la pression foncière induite par le tourisme désorganise les terres agricoles, les touristes constituent un nouveau débouché. Organisation et désorganisation sont donc imbriquées à l'échelle nationale. À l'échelle locale en revanche, il est possible de distinguer des espaces proprement désorganisés ou réorganisés. Dans un contexte, l'exemple du Cap-Bon en Tunisie illustre bien comment le tourisme peut entrer en conflit avec d'autres fonctions, comme l'agriculture, et ainsi désorganiser les espaces qu'il accueille. Alors que les cultures maraichères et l'arboriculture avaient été mises en valeur dans cette péninsule depuis le XVIe siècle, la construction du complexe de Nabeul-Hammamet avec ses 26 010 de chambres et 7 millions de nuitées par an, a déstabilisé la ressource hydraulique régionale. Suite à une consommation excessive, les eaux de la Mejerda ont été mobilisées, alors que l'usage traditionnel de l'eau de ce fleuve était l'agriculture. Ainsi, l'agriculture tunisienne est en crise dans cette région, désorganisant l'espace des communautés paysannes : rétraction de l'espace cultivé, adaptation des pratiques, comme le passage des cultures en hiver, pour préserver la ressource hydraulique au secteur touristique en été. Ainsi, en Tunisie, le tourisme désorganise en profondeur les espaces qu'il prive d'eau, tout en animant un nouveau système productif pourvoyeur de ressources financières, organisant ainsi les espaces littoraux.

Ainsi, tourisme et loisirs peuvent entrainer des désorganisations dans les espaces qu'ils investissent, car ils constituent des activités nécessitant des ressources conséquentes, mobilisées par d'autres fonctions. Le tourisme ou les loisirs peuvent aussi entraver des fonctions présentes avant lui, en proposant un différentiel économique trop important, incitant des acteurs à reconvertir leurs activités. En Norvège, Arild Molstad a noté que les pêcheurs de l'archipel des Lofoten ont tendance à abandonner leurs activités de pêche traditionnelle au profit de la pêche de loisir, pour les touristes et population locale. La raison est le prix du poisson : un kilo de poisson pêché en pêche classique rapporte dix fois moins qu'un seul poisson pris par un touriste encadré dans une activité de loisir. Ce profond déséquilibre retransforme en profondeur l'espace des Lofoten : l'espace maritime près du littoral est aujourd'hui largement dévolu au loisir. La pêche professionnelle se réorganise en se concentrant dans des pôles, et part pêcher dans des espaces plus lointains, avec moins d'hommes. (Arild Molstad Où partir avant qu'il ne soit trop tard ?)

L'exemple du Cap-Bon et celui des Lofoten sont assez caractéristiques des tensions existantes entre tourisme et loisir d'une part, et les fonctions traditionnelles des espaces d'autres part. Cette tension induit des désorganisations dans ces espaces, sans entraver les dynamiques d'organisation provoquées par le tourisme et les loisirs dans leur propre intérêt. Aussi, il convient de souligner que tourisme et loisirs peuvent animer des systèmes productifs incluant des activités variées, participant ainsi au renforcement de la cohérence des espaces en question. Ainsi, au Costa Rica, de nombreuses initiatives allient écotourisme, loisirs dans la nature avec l'artisanat local, souvent engagé dans des projets de commerce équitable. C'est notamment le cas dans le parc national de Monteverde, pôle touristique et de loisirs majeur du pays. Ainsi, dans le village de Santa Elena, une coopérative de femmes vend aux visiteurs et touristes du parc des toiles et habits qu'elles ont réalisés elles-mêmes, tandis qu'une autre coopérative de producteurs de café vend ses produits en magasins et dans les bars locaux. Dans ce contexte, les activités de pleine nature, attirant visiteurs venus des villes du Costa Rica et touristes, principalement américains, contribuent à une convergence d'intérêt de nombreux acteurs économiques de l'espace en question : tourismes et loisirs peuvent se déployer sans nuire aux autres fonctions, puisque ces fonctions profitent elles aussi du passage des visiteurs et touristes.

Enfin, tourismes et loisirs peuvent profiter du déclin des fonctions traditionnelles de certains espaces pour se développer et impulser une nouvelle logique organisationnelle de l'espace. Ainsi, Olivier Lazarotti note qu'en Europe, les villes les plus touristiques sont souvent celles qui ont connu une période de déclin (à l'instar de Bruges, Tolède ou Venise), rendant désuet sur le plan fonctionnel nombres de leurs bâtiments, permettant leur mise en patrimoine et in fine, leur mise en tourisme (<u>Olivier Lazzarotti Patrimoine et Tourisme</u>). Dans ce cas, le tourisme occupe un vide et initie organise l'espace. Néanmoins, il peut aussi désorganiser : certaines infrastructures fondamentales sont à Venise, mises à l'écart du cœur touristique. Ainsi, l'hôpital moderne de Venise est situé en dehors de la lagune, et bon nombre d'infrastructures scolaires sont situées dans le quartier de l'Arsenal, c'est-à-dire là où la pression foncière liée au tourisme est moindre.

Tourismes et loisirs modifient en profondeur les espaces du fait de leur rapport contradictoire avec les autres fonctions supportées par ces espaces. De ce rapport dépendent les dynamiques d'organisation et de désorganisation induite. Les deux sont le plus souvent imbriquées. Mais tourisme et loisirs sont aussi des activités qui peuvent voir leurs dynamiques se transformer dans le temps, indépendamment des évolutions externes des espaces.

Tourisme et loisirs sont deux activités nécessitant des aménagements dans l'espace. Ainsi, ils les organisent, pour optimiser les revenus économiques et le bien-être des touristes et des visiteurs. L'organisation prend des formes parfois extrêmement abouties, comme dans le cas des parcs à thème, où le calibrage des routes, la capacité et la durée de chaque attraction ou encore le nombre de points de passage dans le parc sont minutieusement étudiés, afin de réguler parfaitement les flux et le niveau de fréquentation. Aussi, les parcs, à l'instar de ceux du groupe Disney à Paris, Tokyo ou Orlando, induisent des coupures spatiales fortes : en effet, ce sont des espaces clos, protégés par des grilles, où les visiteurs entrent uniquement par des points d'accès bien identifiés. Les portes sont très travaillées pour permettre une intégration avec l'environnement. Ainsi, la sortie de la gare de Marne la Vallée-Chessy possède des tours rappelant l'univers Disney, alors que l'entrée du parc est située en face ; la porte d'entrée des véhicules dans le parc est en fait un péage qui possède elle aussi des éléments architecturaux de l'univers Disney. Les lumières, couleurs enfantines et formes servent à construire un sas entre l'univers du quotidien, et l'univers de l'imaginaire Disney. Cette logique organise spatialement en profondeur les espaces du tourisme et des loisirs.

En effet, elle ne concerne pas uniquement les parcs ; les grands hôtels, notamment les resorts reprennent ces codes d'aménagement pour organiser leur espace. Ils constituent parfois un facteur de désorganisation de l'espace pour les populations riveraines. Ainsi, Caroline Blondy a dans ses enquêtes de la population de Bora-Bora mis en évidence les critiques portées contre les grands hôtels se développant sur le littoral de l'ile, en dépit des apports en termes d'emplois et de revenus (<u>Caroline Blondy Le tourisme, un facteur de développement durable des territoires insulaires tropicaux ? Tourisme, aménagement, environnement et société locale à Bora Bora (Polynésie française)</u>). Si une forte majorité de la population demeure favorable au développement touristique et donc des hôtels, nombre de résidents déplorent les effets d'exclusion spatiale des plus beaux lieux de baignade et pique-nique, ou la complexification des itinéraires sur le littoral. L'effet de dépossession se fait aussi ressentir, certains riverains estimant que les « étrangers » leur volent leur île. En même temps, les gains de développement apportés par les hôtels, comme l'adduction d'eau sont aussi soulignés. Il est donc, de l'avis même des riverains, difficiles de ne voir les infrastructures hôtelières comme de simples facteurs de désorganisation des espaces à Bora-Bora. Pourtant, les désagréments enregistrés illustrent que tourismes et loisirs peuvent aussi les communautés locales quand bien même il n'y aurait un conflit d'usage sur des fonctions des espaces.

Aussi, tourismes et loisirs sont régulièrement présentés comme des activités pouvant s'autodétruire elles-mêmes. Par exemple, les espaces mis en tourisme connaitraient suite à des problèmes de surfréquentation ou destructions environnementales, sociales ou culturelles, une perte d'attractivité conduisant à terme, à la fin de l'activité touristique sur l'espace en question. Cette thèse n'est pas ancienne. Ainsi, en 1981, Erdman Gormsen prédisait le déclin de la Côte d'Azur (<u>Erdman Gormsen, « The spatio-temporal development of international tourism. Attempt at the centre periphery model », 1981</u>). Dans cette perspective, tourisme et loisirs, quand ils parviennent à un certain seuil, seraient des facteurs profondément désorganisateurs des espaces, annihilant leurs spécificités culturelles et surconsommant les ressources naturelles. Une telle approche ne prend guère en compte les apports économiques du tourisme et des loisirs, ainsi que leur caractère profondément structurant et organisateur dans les espaces où ils agissent. Néanmoins, nombre de publications dans la littérature scientifique reviennent sur les effets délétères et désorganisateurs du tourisme et des loisirs sur les populations locales et leurs territoires. Le tourisme de masse est particulièrement visé. C'est lui qui est visé dans des villes européennes comme Venise ou Barcelone dans les banderoles de riverains où il est écrit « Tourists go home ! », ou dans des manifestations. Pour ces riverains, la fréquentation touristique atteint un point critique, facteur de désorganisation dans leur espace. Aussi, en Espagne, la société civile s'engage de plus en plus contre de projets de mise en tourisme. Le projet BCNWorld prévu à Tarragone près du parc Port-Aventura cristallise les oppositions. Ce projet prévoit la création d'un parc lié aux jeux d'argent. En dépit des 10 000 créations d'emplois attendues, d*es* opposants se sont réunis en créant la plateforme « Aturem BCN World ». Ces derniers reprochent principalement aux porteurs du projet de ne pas avoir consulté le grand public pour savoir si celui-ci était favorable ou non au complexe, mais aussi, de s'accaparer des terrains alors que ces derniers sont rares dans la région. Cette opposition fait écho à celle des habitants de l'ile d'Ibiza qui estiment leur ile détruite par le tourisme et ses nuisances (notamment sonores) et celles des grandes métropoles, Barcelone en tête où l'ampleur de la fréquentation nuit à la qualité de vie des habitants. Mais ce n'est pas tant le tourisme qui est décrié que sa massification. C'est dans ce sens que tourismes et loisirs peuvent être désorganisateurs sur les espaces : ils peuvent dégrader l'espace aux yeux des populations locales, qui a construit leur activité. Ainsi, les villes complètement muséifiées ou les plages noir de monde en été paraissent moins attractives, conduisant à la fois à un rejet des populations et à une adaptation de certains visiteurs et touristes qui choisissent alors d'autres destinations.

Pourtant, appréhender les effets organisateurs et désorganisateurs de manière objective n'est pas simple, ne serait-ce que parce qu'il existe une pluralité d'acteurs gravitant autour des activités touristiques et de loisirs : le seuil de saturation ne sera pas le même pour un hôtelier, que pour un riverain.

Tourismes et loisirs ont, du fait de l'évolution de leurs activités, des influences organisationnelles et perturbatrices sur les espaces qui les supportent. La perception du caractère positif ou négatif des activités dépend d'abord des intérêts des acteurs. Cela amène donc à articuler la question des dynamiques du tourisme et des loisirs sur l'espace avec les stratégies de gouvernance mises en place.

Ce sont les acteurs des espaces concernés par les effets du tourisme et des loisirs qui estiment si ces effets sont à même à organiser et désorganiser leur espace. En effet, il n'existe pas d'outils permettant de rendre compte de manière objectivable ce qui est de nature à organiser ou désorganiser. C'est dans cette perspective que des géographes du tourisme comme Rémy Knafou ou Olivier Lazzarotti ont été critiques vis-à-vis de la notion de capacité de charge appliquée au tourisme. Cette notion, venue de l'écologie et de l'agronomie, ne peut être mobilisable pour quantifier des effets qui sont précisément non quantifiables. En effet, tous les touristes et visiteurs ne produisent pas des impacts identiques. Ainsi, une approche quantifiable demeure illusoire, d'autant plus que les acteurs n'ont pas les mêmes points de vue quant aux effets qui organisent et ceux qui désorganisent l'espace. Ce sont donc in fine eux, par le biais de la gouvernance qu'ils mettent en place, qui définissent ce qui organise et désorganise leur territoire.

Dans cette perspective, il est intéressant de comparer des projets de tourisme et de loisirs dans les montagnes françaises. Depuis 2003, est organisé dans l'espace transfrontalier Espace Mont-Blanc, réunissant plusieurs collectivités locales de Suisse, d'Italie et de France des sept vallées du massif du Mont-Blanc, l'Ultra-Trail du Mont-Blanc. Cet Ultra-Trail marque bien le tournant évènementiel pris les acteurs du tourisme et des loisirs de cet espace : en effet l'organisation de cet Ultra-Trail mobilise l'ensemble des acteurs touristiques, mais aussi le secteur professionnel de la course à pied, et au-delà, le celui des « sports outdoor ». Organisé à la fin du mois d'août, l'évènement attire plusieurs dizaines de milliers de touristes et visiteurs ; en 2011, il y a eu durant l'évènement près de 60 000 nuitées payantes et 45 000 visiteurs au salon de l'Ultra-Trail. Olivier Bessy a montré le consensus que produit cet évènement entre les acteurs, mais aussi de la population locale, en dépit des inquiétudes soulignées (<u>Olivier Bessy Innovations évènementielles et structuration des destinations touristiques. Pour une hybridation des approches : l'exemple de l'Ultra-Trail du Mont-Blanc.</u>) Ainsi, les organisateurs reconnaissent eux-mêmes qu'ils sont arrivés à un point de rupture du fait du « gigantisme de la course ». Ils sont conscients des effets environnementaux d'un tel évènement, dans un massif ayant de forts enjeux naturels. Pourtant, il y a bien un consensus à poursuivre le développement de l'Ultra-Trail, car il organise en profondeur selon les acteurs, leurs espaces. L'effet potentiellement désorganisateur est pris en compte, mais ne demeure pas une menace. Cet intense développement touristique fondé sur l'exploitation d'une ressource territoriale contraste avec les nombreux conflits générés en montagne lors de la création d'unités touristiques nouvelles. Ainsi, le projet d'extension de la station de sports d'hiver de Piau Engaly a été stoppé par une mobilisation au début des années 2010. Sylvie Clarimont et Vincent Vlès sont revenus sur les motivations des opposants, notamment de l'Association pour la Défense et la Protection des Vallées Pyrénéennes de Saux et de La Gela. Outre les arguments du risque économiques, ils dénonçaient le risque d'un envahissement du tourisme, car le projet, permettant un meilleur accès à la station pour les touristes et visiteurs espagnols, allait faire exploser la fréquentation, et ainsi « détruire » leur montagne. <u>(Sylvie Clarimont et Vincent Vlès Les contestations sociales du développement touristique dans les Hautes-Pyrénées : le rendez-vous manqué de l'innovation territoriale ?).</u> Ainsi, dans un cas, un évènement mobilisant plusieurs dizaines de milliers de visiteurs et touristes au cœur du plus haut massif des Alpes est largement soutenu, car perçu comme profondément organisateur ; dans un autre, on observe qu'une simple extension de station dans un secteur peu dynamique économique est perçue par des acteurs comme désorganisateur pour l'espace, et ces acteurs parviennent par la mobilisation à le stopper.

C'est donc bien le positionnement divers des acteurs qui souligne ce qui est organisateur pour certains peut être désorganisateur pour d'autres. Aussi, il met en relief l'importance stratégique de l'acceptabilité sociale du tourisme et des loisirs par les communautés locales pour que ces dernières considèrent mise en tourisme et développement des loisirs comme porteurs d'organisation dans leur espace et non de désorganisation. Ainsi, quand la réserve sauvage de Dana a été instaurée en Jordanie sur une surface de 300km², les communautés locales y habitant, principalement des tribus de nomades sédentarisés et des réfugiés palestiniens, y ont vu un processus de confiscation de leurs terres par l'état jordanien. Pour produire un consensus, la société royale pour la conservation de la nature, agissant sous le patronage de la famille royale jordanienne, a décidé dans les années 90 de développer des activités d'écotourisme dans la réserve. Ainsi les activités des entreprises sont actuellement gérées par les populations locales. Un label a été créé : Wadi Dana. Après trois ans de fonctionnement, en 1998, les nouvelles activités à Dana avaient généré près de 400 000 $ en rentes et recettes touristiques, créé 55 nouveaux emplois et eu des répercussions financières positives pour 160 personnes. Les concepteurs de la réserve et à l'origine des activités d'écotourisme se sont félicités de ce projet de développement intégré, permettant selon eux, de protéger à la fois la nature et de faire vivre des communautés locales. Il est clair que pour ces communautés, le fait d'avoir accès à une activité économique leur fait voir plutôt le tourisme comme un facteur d'organisation, alors que la mise en réserve qui a précédé la mise en tourisme a été perçue comme profondément désorganisateur pour eux et pour leur espace. <u>(Laurence Gillot Parcs nationaux, tourisme et dynamiques territoriales au Proche-Orient et au Moyen-Orient. Regards croisés sur la gestion et la mise en valeur d'espaces naturels.</u>[7]<u>).</u> Pourtant, dans les deux cas, ces deux communautés n'ont pas été associées aux décisions, ces dernières ont été imposées. Cet exemple illustre ainsi l'enjeu pour les promoteurs du

---

[7] Ce chapitre est extrait de ce livre : HERITIER, Stéphane, LASLAZ Lionel (coord.), Les parcs nationaux dans le monde. Paris, Ellipses, 2008

tourisme et des loisirs, d'associer les communautés locales pour produire un consensus qui ne nuira pas à leur propre vision de ce qu'est un espace organisé.

Aussi, en écho aux problèmes de désorganisation générés par un excès de visiteurs ou de tourismes dans un espace touristique ou de loisirs, les acteurs peuvent aussi choisir des modalités de régu.lation et de contrôle. C'est ainsi la stratégie employée par la réserve des gorilles de montagne dans les Virunga au Rwanda. Dans cette réserve, les visiteurs, pour la plupart touristes étrangers à hauts revenus, ont un rôle organisateur majeur : les frais qu'ils paient pour entrer dans la réserve (près de 500$ par personne et par jour), assurent un financement permettant le développement du Rwanda. Néanmoins, les autorités de la réserve considèrent que les visites dans la réserve doivent être régulées, du fait du risque de perturbation de l'environnement des gorilles ou pire, de propagation de maladies, des humains vers les singes. Ainsi, il n'y a pas plus de 32 visiteurs par jour dans la réserve. (Gaspard Rwanyiziri. Les aires protégées à l'épreuve de la pression démographique et de la pauvreté. Le cas du Parc National des Volcans (Rwanda))

Ce dernier point montre ainsi que ce n'est pas tant le tourisme ou les loisirs qui provoquent des effets désorganisateurs sur les espaces, mais plutôt un déficit de régulation voire de gouvernance. Néanmoins, la régulation doit prendre en compte de nombreuses contraintes. Ainsi, dans la perspective de préserver son capital environnemental et parfaire sa notoriété en tant que destination prestigieuse, l'État des Seychelles avait décidé dans un premier temps de fixer un plafond de lits disponibles au début des années 90. Les autorités de l'ile craignaient que le développement d'un tourisme de masse désorganise l'espace national et dégrade la qualité de la destination. Pourtant, cet objectif a dès 1997 était abandonné, le pays ayant besoin d'un plus grand nombre de devises étrangères (Jean-Christophe Gay.
Tourisme, politique et environnement aux Seychelles)

Tourisme et loisirs recomposent les espaces où ils agissent et ces processus de transformation induisent à la fois des dynamiques d'organisation et de désorganisation de l'espace. En effet, la place croissante que prennent ces deux sphères d'activités amène à questionner la place des autres fonctions des espaces : tour à tour, agricultures, artisanat, industries ou transport peuvent être entravés ou renforcés par le développement du tourisme et des loisirs. Ainsi, les effets organisateurs ou désorganisateurs n'ont rien de dogmatique, ils dépendent d'abord du contexte dans lequel s'inscrivent tourismes et loisirs. L'imbrication entre effets organisateurs et désorganisateurs souligne donc en creux la complexité des recompositions spatiales. Cette complexité fait d'ailleurs écho aux transformations culturelles générées par le tourisme et les loisirs sur les communautés locales, qui sont à la fois figées, folklorisées, mais aussi confortées et en dynamique de développement par de ces mannes économiques. À la complexité des recompositions s'ajoute la difficulté d'évaluer les effets destructeurs du tourisme et des loisirs. Si la littérature scientifique abonde d'articles présentant ces deux champs sous un jour sombre, il n'existe pourtant d'instruments aboutis pour mesurer objectivement les conséquences sur la désorganisation des espaces. Ainsi, c'est à travers le point de vue des acteurs sur ces espaces qu'il est possible d'évaluer les dynamiques d'organisation et de désorganisation. En effet, comme ce sont eux qui agissent sur les espaces en question, c'est à travers leur action et les stratégies qu'ils déploient sur l'espace que le géographe peut appréhender l'organisation et la désorganisation. La multiplication des conflits autour des infrastructures de tourisme et de loisirs rappelle aussi que les points de vue sur ce qui doit organiser un espace ne sont guère partagés. Dans ce cas, ce ne sont guère le tourisme et les loisirs qui doivent être interrogés, mais plutôt les modalités de gouvernance sur les espaces.

Les espaces du tourisme et des loisirs dans les grandes métropoles

Le géographe D.G. Pearce voyait dans le tourisme urbain un étonnant paradoxe (<u>An Integrative Framework for Urban Tourism Research D.G. Pearce</u>). Que peut trouver de différent le touriste en quête de quelque chose de différent de son univers quotidien dans les métropoles, entendues ici comme une unité urbaine ayant un rayonnement économique, culturel, politique remarquable, alors que lui-même est souvent citadin ? La métropole touristique est donc paradoxale, puisqu'elle attire par sa capacité à être originale, des métropolitains d'ailleurs en quête de nouveauté. Le paradoxe est d'autant plus remarquable que le processus de métropolisation tend, à l'échelle mondiale, de proposer les mêmes offres de loisirs urbaines.

La résolution de ce paradoxe tient probablement dans la nature géographique des métropoles. Objets profondément dynamiques, en recomposition permanente, parvenant à capter les flux de richesses et de personnes, les métropoles, de par leurs atouts culturels, l'importance des offres qu'elles déploient, ou leur capacité à se mettre en scène, les métropoles parviennent à susciter l'intérêt, permettant le développement en leur sein d'espaces de loisirs, c'est-à-dire d'espaces spécialement consacrés à la récréation des individus, et de tourisme.

Pourtant, les métropoles ne sont pas de prime abord des objets touristiques. Leurs fonctions économiques et politiques priment quand il s'agit de les caractériser. De ce point de vue, la récréation des individus, qu'ils soient habitants de la métropole, ou pratiquant le tourisme, c'est-à-dire, l'ensemble des activités de récréation déployées par des individus en dehors de leurs lieux habituels et de leur vie quotidienne, constitue une activité périphérique dans les systèmes métropolitains. Périphérique certes, mais en plein essor. Au point de devenir dans un avenir proche, un élément central ? Cela revient à s'interroger dans quelle mesure les espaces des loisirs et du tourisme constituent-ils des piliers dans les dynamiques des grandes métropoles dans le monde, en étroite articulation avec la métropolisation, et l'intégration croissante dans la mondialisation ? Et dans quelle mesure ces espaces, en recomposant les métropoles, requestionnent-ils les manières d'habiter les métropoles ?

Il n'est guère possible de séparer la montée en puissance des espaces consacrés à la récréation des individus des transformations apportées par la métropolisation. Dans ce contexte, les classes créatives ont un rôle-clé. Mais l'extension des espaces de loisirs et de tourismes dans les métropoles redéfinit la place de l'aménagement, au sein d'espaces qui sont probablement les espaces les plus aménagés par les sociétés. La maximalisation de l'offre de pratiques récréatives est le but affiché de ces aménagements, mais ces pratiques non seulement façonnent en retour la métropole et ses aménagements, mais redéfinit les liens entre habitants et les touristes quant aux modes de vie métropolitains appliqués.

Du fait du phénomène de la métropolisation, qui doit être compris comme le processus de concentration des richesses, de populations et d'activités au sein des ensembles urbains de grande taille, les grandes métropoles mondiales forment des espaces de plus en plus propices à la recréation des individus. Cette logique a plusieurs fondements : les grandes métropoles attirent les populations les plus fortunées capables de consacrer une large part de leur budget et de leur temps aux loisirs et au tourisme ; aussi, les grandes métropoles mondiales possèdent la plus large gamme d'infrastructures permettant les loisirs, comme des grands stades de football, des opéras, des circuits automobiles. Aussi, ce sont les grandes métropoles qui captent les grands évènements sportifs. Ainsi, les Jeux Olympiques d'été ont généralement eu pour ville hôte des métropoles au rayonnement mondial : Rio, Londres, Pékin ou encore Sydney et Atlanta. De même, Shanghaï, Dubaï ou Milan ont récemment accueilli des expositions universelles. Cette capacité des métropoles à capter des évènements mondiaux trouve ses racines dans la nature même des métropoles et dans le processus de métropolisation : économies d'échelles et d'agglomération, nœud de réseaux de transports, présence de populations aisées et créatives… Cette capacité souligne donc en creux l'articulation très étroite en dynamiques métropolitaines et production des lieux et de loisirs.

Le rôle des professions supérieures est fondamental dans cette articulation. Ces populations appelées parfois classes créatives (<u>Richard Florida The Rise of the Creative Class</u>) sont en effet les principaux métropolitains façonnant les espaces de loisirs et de tourismes dans les grandes villes mondiales. Ils forment parfois une élite métropolitaine. Ainsi, Benjamin Pradel a montré le rôle majeur d'une élite culturelle dans la production de lieux et de temps d'animation à Montréal. Dans un contexte où la métropole canadienne cherche à se positionner sur un créneau de festivals de musique, dans un contexte particulièrement concurrentiel en Amérique du Nord, une élite composée d'experts en évènements culturels, d'artistes reconnus, de propriétaires de salles de concert, mais aussi d'élus municipaux, impulse un développement culturel et touristique à Montréal. Ainsi, c'est cette élite, qui du fait des intenses liens tissés entre ces membres, a défini un calendrier de festivals très denses, permettant de faire émerger Montréal comme une destination musicale de première importance au rang américain et même mondial. Aussi, cette élite est parvenue à créer une véritable identité métropolitaine autour de ces festivals. Cette identité constitue un élément à la fois permettant la cohésion des habitants, tout en étant à la fois un produit marketing, facilement identifiable par le tourisme (Industrie festivalière, tourisme culturel et développement urbain à Montréal. Benjamin Pradel[8]).

Aussi, les métropoles, en dépit de l'extrême diversité géographique, politique et culturelle des environnements dans lesquelles elles s'inscrivent, tendent à partager des équipements touristiques et de loisirs communs. Ainsi, il est possible de suivre à travers le processus de métropolisation et d'intégration dans la mondialisation, la diffusion et la reproduction de ces équipements dans les grandes métropoles. Les grands casinos constituent un exemple remarquable. Le groupe Las Vegas Sand Corporation est l'une des principales sociétés nord-américaines dans le secteur du jeu, des conventions, de l'hôtellerie et du divertissement. Elle s'est développée ces 10 dernières années à Macao et à Singapour, en répliquant un modèle de resort surtout le front asiatique qui entoure la Chine. À Singapour, le resort Marina Bay Sands comprend trois hôtels, et un casino avec plus de 1000 tables de jeux. L'attraction phare est une piscine située sur une plateforme sur les trois hôtels. L'ensemble monumental est visible depuis de nombreux points de Singapour, si bien qu'il participe aujourd'hui à l'identité visuelle de la métropole asiatique (Néolibéralisme, mondialisation de l'industrie du jeu et création d'espaces urbains. Réflexion à partir de la stratégie globale de Las Vegas Sands Corporation. Salvador Anton Clavé et Nacima Baron[9].). Il constitue en outre l'une des principales centralités de loisirs de la cité-État. Aussi, le groupe américain cherche à se renforcer en Chine, notamment à Macao, où c'est l'intégration avec le monde du luxe qui a constitué l'axe stratégique majeur d'ancrage : le gratte-ciel The Venetian construit par la compagnie comprend ainsi de nombreuses allées accueillant des boutiques de luxe. Le loisir du casino est donc aussi bien partagé à Las Vegas, Paris, Singapour ou Macao. Mais les grands groupes de casino cherchent à s'ancrer dans le territoire métropolitain en déployant des stratégies architecturales originales.

---

[8] Ce chapitre est extrait de ce livre : FABRY, Nathalie, PICON-LEFEBVRE, Virginie, PRADEL, Benjamin, et al. Narrations touristiques et fabrique des territoires. Quand tourisme, loisirs et consommation réécrivent la ville. L'Œil d'or, 2015.
[9] Ce chapitre est extrait de ce livre : FABRY, Nathalie, PICON-LEFEBVRE, Virginie, PRADEL, Benjamin, et al. Narrations touristiques et fabrique des territoires. Quand tourisme, loisirs et consommation réécrivent la ville. L'Œil d'or, 2015.

Cette diffusion conduit à une uniformisation dans le monde des espaces de loisirs et de tourismes métropolitains. Mais ces espaces de loisirs et de tourismes ne sont pas strictement reproduits à l'identique : l'ancrage territorial dans la métropole passe par l'originalité. C'est d'autant plus vrai que les grandes métropoles mondiales sont dans un processus de mise en concurrence croissant les conduisant à miser sur l'originalité et l'innovation en permanence. Cette nécessité souligne encore l'articulation avec la métropolisation : pour produire de l'innovation, les métropoles cherchent à capter des classes créatives à la fois consommatrices et productrices d'espaces de loisirs et de tourismes. Aussi, dans la frange nettement supérieure des classes créatives, la concurrence se joue à l'échelle mondiale. Ainsi, il est remarquable de noter que l'architecte Moshe Safdie à l'origine du Marina Bay Sands soit aussi à l'origine du Musée des Beaux-Arts d'Ottawa ou du centre culturel Skirball Cultural Center à Los Angeles. Ainsi, attirer des talents conduit les grandes métropoles dans un phénomène d'auto-accumulation stimulant leur processus de métropolisation. En captant les classes créatives, les métropoles se parent de nouveaux espaces de loisirs et de tourisme faisant de la métropole un espace encore plus favorable aux fonctions de conception de la recréation des individus.

L'émergence d'une classe créative dans toutes les grandes métropoles mondiales tend donc à accroitre la place des espaces de loisirs et de tourisme au sein de celles-ci. Le phénomène s'articule parfaitement avec la mondialisation : il n'est ainsi pas étonnant de voir que ce sont les grandes métropoles asiatiques qui sont en train d'être le plus rapidement transformées par ces dynamiques. Mais ces aménagements interrogent quant aux équilibres métropolitains et au fond, aux tensions identitaires qui se trament.

Les grandes métropoles mondiales constituent les espaces les plus intensément aménagés. Or, ces aménagements visent non seulement une plus grande ludification de la ville, mais aussi un positionnement original, une mise en récit qui renforce la spécificité de la ville. L'intégration des fonctions récréatives aux autres dynamiques urbaines demeure un enjeu essentiel. En effet, il est notable de constater que la mise en tourisme ou en loisirs d'espaces n'est guère un processus naturel, allant de soi. Il est le fruit de politiques et de choix d'acteurs, qui aménagent les métropoles.

Ainsi, à travers le monde, chaque métropole poursuit une stratégie d'aménagement de ces espaces de loisirs et de tourisme. Les résultats demeurent différents selon les projets et les métropoles. Ainsi, en Europe, le MuseumsQuartier de Vienne construit dans les anciennes écuries impériales entre 1998 et 2001 constitue une attraction majeure pour aussi bien pour les Viennois que pour les touristes. Ce complexe est salué comme une réussite par les acteurs de la métropole, et les professionnels du tourisme et est présenté comme un instrument fondamental de l'attractivité de la capitale autrichienne, complétant harmonieusement les autres fonctions. Cet exemple viennois se retrouve dans les autres capitales européennes. Ainsi, à Londres, les quartiers industriels de l'est ont fait l'objet d'intenses requalifications, et accueillent aujourd'hui des infrastructures de loisirs, la Tate modern, musée d'art contemporain situé dans une ancienne centrale hydroélectrique constituant l'un des symboles emblématiques de cette transformation (<u>Tyler. D, Gurrier Y., Robertson. M. , Managing Tourism in cities ; policies, process and practice</u>).

Pourtant, ces transformations des capitales européennes se heurtent parfois à des conflits, qui questionnent la légitimité de certains espaces de loisirs et de tourisme. Ainsi, l'œuvre de l'architecte américain Richard Meier destiné à abriter l'Ara Pacis à Rome, constitue un exemple évocateur d'un conflit concernant la place d'une œuvre d'art contemporain au sein d'un environnement largement patrimonialisé à partir de son héritage antique et médiéval. En effet, l'œuvre de l'architecte a suscité la colère de nombreux Romains, au point qu'elle fut un objet de la campagne municipale de 2008. Un parti souhaitait en effet le déplacement de l'œuvre en périphérie de la ville (<u>Innover pour actualiser. Le musée de l'Ara Pacis à Rome. Alexandra Paquin</u>.). À ce titre, il est remarquable de noter que le principal musée contemporain de Rome, le MAXXI se situe au nord de la ville dans la partie la plus excentrée du quartier du Flaminio, c'est-à-dire bien dehors du secteur du Capitole et du Palatin ou de celui du Vatican. En effet, les centralités classiques de Rome sont à la fois saturées par le patrimoine, il n'y a donc pas de place pour d'autres projets d'envergure, mais en plus, la place de projets trop innovants ou voyants est questionnée. Des acteurs considèrent que les espaces de loisirs et de tourismes fondés sur des infrastructures récentes (parc d'attraction, musée d'art contemporain, etc.), ne doivent pas être trop près de ceux fondés sur leur valeur patrimoniale. Ainsi, s'observe à Rome, mais aussi dans de nombreuses villes européennes, mais aussi dans le monde, un développement conséquent des espaces de loisirs et de tourismes en périphérie des métropoles quand le cœur de la métropole est déjà saturé par les espaces de loisirs et de tourisme.

Le cas du musée de l'Ara Pacis illustre un conflit sur l'organisation des espaces de loisirs et de tourisme. Au nom d'une idée de cohérence, des acteurs préconisent une hiérarchie spatiale dans les activités de récréation et leur hiérarchie : au cœur de la métropole, des activités de récréation liées au patrimoine ancien, à la périphérie, d'autres activités considérées comme des acteurs comme moins nobles par des acteurs réfractaires. Mais les espaces de tourismes et de loisirs sont aussi marqués par des conflits interrogeant leur pertinence, leur utilité ou leur durabilité dans l'environnement dans lequel ils s'inscrivent. Ainsi, les activités de recréation des individus suscitent des revenus colossaux aux métropoles, tout en façonnant positivement leur identité, mais au prix parfois en accentuant les contrastes sociaux métropolitains. C'est un fait que la métropolisation creuse les fractures sociales et spatiales. Ainsi, dans la perspective des Jeux Olympiques d'été de 2016, la construction de nombreuses infrastructures telles que le village olympique a conduit les autorités brésiliennes à détruire des zones d'habitats informels dans les favélas. La favela Vila autodrome, construite dans les années 1980, et située à proximité du quartier touristique de Barra da Tijuca a ainsi été détruite 48heures avant le début des jeux, plaçant nombre de résidents dans une situation sociale extrêmement précaire. Aussi, de manière globale, les espaces de loisirs et de tourismes s'organisent selon la segmentation socio-spatiale des métropoles : les lieux les plus touristiques sont généralement situés dans les parties les plus aisées des villes. Afin de permettre la recréation effective des individus, qu'ils soient habitants ou touristes, des dispositifs de contrôle social visent à éviter la présence des habitants pauvres. Cette coercition passe par une présence des forces de l'ordre, une plus forte concentration de caméras de surveillance, voire des aménagements renforçant les logiques de fragmentation spatiale.

De même, des aménagements spécifiques coproduisent cette coercition, conduisant parfois même à faire des espaces de loisirs et de tourisme des espaces ségrégués, au milieu des métropoles. Cette configuration existe dans de nombreuses métropoles asiatiques. Ainsi, Frédéric Bouchon note dans sa thèse consacrée à la métropolisation et au tourisme à Kuala Lumpur qu'il est plus facile de se rendre au vaste ensemble de loisirs de Midvalley depuis la périphérie à 15 km du lieu en voiture, qu'à pied, depuis le voisinage immédiat du site. En effet, le « megamall » comme il est appelé par ses promoteurs, est coupé de son environnement direct avec deux autoroutes, une rivière et deux voies ferrées (Kuala Lumpur, métropolisation et mondialisation au risque du tourisme : enjeux et perspectives Frédéric Bouchon). Cette coupure spatiale est totalement désirée à des fins de contrôle social. De tels aménagements amènent à questionner l'urbanité dans ces métropoles. Kuala Lumpur fait-elle encore ville alors que certaines de ses composantes sont coupées des autres ?

Ainsi, il est clair qu'il est difficile de séparer les aménagements accompagnant la production et la régulation des espaces de loisirs et de tourisme des autres dynamiques des métropolites. Au contraire, il semble clair que la transformation d'un nombre croissant d'espaces en lieux de loisirs et de tourisme soit une finalité des acteurs métropolitains, et que cette transformation induit des conflits quant à l'usage de l'espace, et renforce encore les fragmentations observées dans les métropoles à l'échelle mondiale. Mais les aménagements opérés par les acteurs à la tête des métropoles ne sont pas les seuls facteurs façonnant les villes : les pratiques des résidents et des touristes sont aussi au cœur de la production de la récréation au sein des espaces métropolitains.

Les métropoles mondiales se singularisent dans la production d'une offre extrêmement variée sur le plan des loisirs, à destination de leurs propres habitants et des touristes. Ainsi, dans le cadre d'activités de récréation, les individus possèdent un très large éventail de moyens de pratiquer les lieux, d'autant plus que l'offre de la métropole se renouvelle en permanence dans le temps par l'innovation, mais aussi par une succession d'évènements, suivant des logiques saisonnières ; de même les métropoles sont animées en permanence, de jour comme de nuit. Contrairement aux autres villes de taille et de rayonnement plus modeste, le périmètre touristique ne se restreint pas au *central tourist district* (Philippe Duhamel et Rémy Knafou Le tourisme dans la centralité parisienne).

La diversité des pratiques de loisirs constitue donc la singularité fondamentale des métropoles. Souvent présentée comme l'archétype de la ville postmoderne, Los Angeles offre ainsi une très large palette de pratiques de recréation possibles. Ainsi, à Los Angeles, les individus peuvent tour à tour, profiter de la plage et de ses loisirs associés, visiter les hauts lieux du cinéma, se rendre dans un parc d'attraction très réputé comme Disneyland, faire du shopping dans des mall, assister à des compétitions sportives quel que soit le sport, profiter de nombreuses aménités de la nuit, et même, grâce au téléphérique de Palm Springs, se rendre dans des espaces naturels montagnards, qui bien que totalement intégrés aux dynamiques métropolitaines, en sont considérés comme la parfaite antithèse. Dans sa thèse sur la cité des Anges, Léopold Lucas note d'ailleurs la convergence entre les pratiques des habitants de la métropole et celle des habitants (Léopold Lucas et Mathis Stock Habiter touristique et agencement de l'espace urbain : le cas de Los Angeles,). Il note ainsi la reproduction du mode de vie des angelinos par les touristes et analyse ce fait comme une singularité, justifiant ainsi la qualification de « métapole touristique » pour la ville de Los Angeles. Ainsi, les activités et lieux pratiqués sont sensiblement les mêmes.

Sur cette convergence des pratiques, Los Angeles constitue probablement un cas des plus aboutis dans le monde. Pourtant, la convergence concerne en premier chef les habitants les plus aisés, puisque ce sont eux qui possèdent le capital spatial le plus important, et les touristes. La manière de pratiquer les lieux à Los Angeles est fondamentalement différente entre les touristes et des individus des classes pauvres, immigrés ou d'origine immigrée. Cela renvoie aux logiques de fragmentation sociales et spatiales, générées par la métropolisation, particulièrement à l'œuvre à Los Angeles, mais aussi dans des métropoles asiatiques comme Dubaï, Singapour ou Kuala Lumpur.

Ainsi, dans des métropoles très avancées dans leur tournant récréatif, la convergence des pratiques de récréation est nette entre habitants et touristes. Cela ne signifie pas pour autant que d'autres métropoles ne suivent pas un autre modèle d'organisation des pratiques de loisirs. Ainsi, en Europe, un net clivage de pratiques traverse les grandes capitales européennes. Par exemple à Rome l'été, si les touristes profitent de leur temps libre pour visiter le patrimoine du centre de la ville, les Romains, habitués à ce patrimoine, tendent plutôt à sortir de la ville et se rendre à Ostie pour profiter de la plage. De même, dans la métropole parisienne, si la zone de central tourist district est pratiqué par des touristes et habitants, la part de touristes diminue au fur et à mesure que l'on s'éloigne de ce district. Ainsi, des espaces de la métropole parisienne ciblent particulièrement Parisiens et Franciliens : le zoo de Thoiry ou le château de Vaux-le-Vicomte. De même, des stations de villégiatures comme Milly-la-Forêt visent d'abord une clientèle francilienne.

Pourtant, adopter le mode de vie d'habitants d'une métropole constitue une pratique touristique émergente, s'additionnant aux pratiques classiques comme la visite de monuments. C'est d'ailleurs dans ce sens que l'entreprise Airbnb a proposé son produit nommé « Expériences », et propose aux touristes de « vivre comme des locaux ». Ainsi, en achetant ce service, les touristes peuvent découvrir grâce à des habitants l'ambiance de bistrots parisiens, considérés comme authentiques, ou faire des marchés en présence de connaisseurs. Si ces types d'interactions sociales entre habitants et touristes existaient largement avant leur mise en commerce, le service proposé par Airbnb illustre une évolution des pratiques touristiques : « vivre comme les locaux » devient un objectif récréatif pour les touristes, alors que le tourisme parisien s'est historiquement forgé sur l'héritage de la capitale française. Les articulations entre pratiques des habitants et celles des tourismes sont aussi dynamisées par le rôle des diasporas et communautés d'expatriés. La présence de ces dernières dans les grandes métropoles mondiales permet des convergences, les touristes pouvant s'appuyer des expatriés du même pays. Hadrien Dubucs montre que les stratégies mises en place par les touristes japonais à Paris pour leurs activités récréatives sont largement influencées par les retours d'expériences des expatriés. Ainsi, des blogs d'habitants japonais à Paris sont consultés par les touristes. L'accueil de touristes est aussi une pratique courante, permettant notamment aux touristes de dévier des circuits se pratiquant à l'intérieur du Central Tourist District, et découvrir par exemple des aménités dans l'est parisien, qui est moins parcouru. Ainsi, pour les touristes, il s'agit là aussi de distinguer, en innovant dans les pratiques. (Hadrien Dubucs Visiter et habiter : les spatialités croisées des touristes et résidents japonais dans la métropole parisienne[10])

---

[10] Ce chapitre est extrait de ce livre : GRAVARI-BARBAS, Maria ET FAGNONI, Edith. Métropolisation et tourisme. Comment le tourisme redessine Paris. Paris, Belin Collection Mappemonde 2013.

Enfin, la mise en tourisme et l'encadrement de la production culturelle et des loisirs par le marché entrainent aussi des manières d'habiter en réaction à ce processus. Outre les mobilisations structurées observées dans des métropoles comme Barcelone, où des habitants invitent clairement les touristes à partir, ces pratiques qui visent la subversion peuvent aussi la constitution d'espace de loisirs alternatif. Cette dynamique a nettement été mise en évidence à Montréal, où à la périphérie de la métropole, s'est reconstituée une scène underground, revendiquant sa différence avec l'offre soutenue par l'élite culturelle. Cette scène revendique d'ailleurs son attachement à la francophonie. Ces espaces n'échappent pourtant pas à l'intégration dans le marché comme en témoignent les guides présents sur Internet, car la culture subversive est aussi un produit recherché par certains artistes. Cela n'empêche pas l'affichage d'une différence et la volonté de suivre un développement autonome dans des lieux moins centraux, bien identifiés, et participants ainsi au maintien et au renouvèlement d'une autre culture, permettant la cohésion et la récréation de ses membres ; il s'agit en somme d'une contre-culture urbaine se tenant à la marge du système métropolitain et entretenant des liens ambigus avec lui, allant du refus de la production d'espace de loisirs marchands à l'élargissement de l'offre des loisirs et de tourisme.

Dans Zéropolis, ouvrage publié en 2000, Bruce Bégout avance l'idée que Las Vegas n'est rien d'autre que l'horizon urbain commun de toutes les villes du monde. Il souhaitait ainsi déplorer le risque de métropoles désincarnées, où l'urbanité aurait été dissoute par les contradictions de la métropolisation et la ludification massive de tous les espaces métropolitains. Il semble clair que près de 20 après la publication de cet ouvrage, la réalité des métropoles est nettement plus complexe. Le constat de l'importance centrale prise par la récréation des individus dans les dynamiques métropolitaines est certes indéniable. Mais cette tendance se fait en étroite articulation avec les autres dynamiques de la métropolisation, et ne dissout pas, du moins en Occident, où le contexte démocratique est réel, l'urbanité. Au contraire, à Paris, Rome ou Montréal, la transformation de vastes ensembles urbains en aire de jeu ou de récréation n'annihile pas l'urbanité. La diffusion de la civilisation des loisirs dans d'autres régions du monde ne s'accompagne pas forcément de cette culture politique forgée dans les métropoles occidentales. Aussi, les fragmentations générées par la croissance des espaces de loisirs et de tourisme n'y sont que plus fortes. Ce n'est donc pas tant ces dynamiques qui menacent les équilibres métropolitains, mais plutôt les modalités de leur mise en place, en somme la gouvernance urbaine. Les métropoles génèrent des tensions sociales et ruptures spatiales dont les effets les plus négatifs peuvent être estompés par des modes de gestion plus inclusif.

Habiter les espaces du tourisme et des loisirs

Le tourisme et les loisirs constituent des phénomènes mondiaux en pleine croissance. Impactant profondément l'espace des sociétés, il est naturel que ces phénomènes soient passés au crible de la science géographique. Mais le tourisme et les loisirs constituent des objets scientifiques tellement complexes et paradoxaux que leur étude a conduit à une évolution épistémologique profonde : la géographie du tourisme actuelle n'a plus rien à voir avec la géographie des années 70 centrée sur les flux, la qualité des lieux… À l'inverse, un concept comme l'habiter est aujourd'hui incontournable pour saisir le plus finement possible les dynamiques des espaces du tourisme et des loisirs. Le concept de l'habiter renvoie en géographie à la spatialité typique des acteurs (<u>Jacques Lévy et Michel Lussault, Dictionnaire de la géographie et de l'espace des sociétés</u>). Habiter un espace, c'est donc pratiquer, avoir des représentations dessus, le façonner par sa présence.

Le concept de l'habiter est devenu incontournable que l'on retrouve même pour définir ce qu'est le tourisme : « un système d'acteurs, de pratiques et d'espaces qui participent à la 'recréation' des individus par le déplacement et l'habiter temporaire hors des lieux du quotidien" » <u>(Rémy Knafou et Mathis Stock, "Tourisme", dans Jacques Lévy et Michel Lussault, Dictionnaire de la géographie et de l'espace des sociétés,</u>). Les loisirs se définissent comme l'ensemble des activités récréatives s'exerçant autant dans l'espace local et le temps du quotidien, que dans l'espace-temps du tourisme. Tourisme et loisirs se pratiquent sur des espaces, c'est-à-dire sur des surfaces de l'écorce terrestre.

Habiter un espace est donc perçu comme un fondement de sa fabrication. Dans le cas du tourisme et des loisirs, des représentations et des pratiques évidentes viennent à l'esprit pour esquisser à grands traits un habiter récréatif : la posture des corps détendus et dénudés sur une plage tropicale de « rêve » par exemple, pour le tourisme balnéaire. Pourtant, habiter les espaces du tourisme et les loisirs est en perpétuelle évolution : en plus de sa posture sur la plage, le touriste prend maintenant des selfies, chose inexistante il y a à peine 15 ans. De même, l'habiter récréatif se diffuse dans le monde, et mieux s'hybride avec les cultures des sociétés locales. Dans cette perspective, il s'agit de s'interroger sur un corpus de représentations et pratiques qui évoluent dans le temps et l'espace, à mesure que tourisme et loisirs se mondialisent. Ainsi, dans un contexte de plus en plus marqué par la mise en tourisme et en loisirs du monde, en quoi habiter les espaces du tourisme et des loisirs est-ce jouer un rôle social autre, fondé sur la recherche de la recréation et la confrontation avec l'altérité ? Dans quelle mesure habiter ces espaces regroupe aussi un champ toujours plus étendu de représentations et pratiques, évoluant avec la mondialisation et la recherche permanente de l'innovation ?

Pour les touristes et excursionnistes (ce n'est pas le cas des travailleurs de ces espaces, mais ils ne seront pas étudiés ici), le fondement de l'habiter dans les espaces du tourisme et des loisirs, est la recréation, c'est-à-dire se relâcher, quoiqu'en suivant des normes et pratiques codifiées. D'ailleurs, ces normes et pratiques se transforment en s'articulant étroitement avec les dynamiques de la mondialisation : habiter les espaces du tourisme et des loisirs, ce n'est donc pas seulement copier les pratiques et représentations des autres, mais aussi bien les apprendre et se les réapproprier. Enfin, habiter de tels espaces nécessite aussi de mobiliser des capacités d'innovation, pour construire ses projets récréatifs voire ses propres lieux et pratiques de détente.

La pratique des espaces du tourisme et des loisirs se fonde sur une rupture majeure à la fois sur le plan spatial et le plan temporel avec les activités de production. Le tourisme est ainsi perçu comme un changement de déplacement et un changement d'habiter. Le déplacement opère une discontinuité qui permet un autre mode d'habiter voué à la seule recréation : le touriste quitte temporairement son lieu de vie pour un ou des lieux situés hors de la sphère quotidienne. Il le fait pendant sa période de congés.

Cette coupure spatio-temporelle concerne aussi le quotidien. Ainsi, les espaces de loisirs ne coïncident que très rarement avec les espaces de travail dans les métropoles. Les pratiques récréatives effectuées par des travailleurs du tertiaire s'effectuent dans des bars, sur des espaces publics (promenade, parcs, musées) etc… Cet ensemble est appelé le « spectre des loisirs » par Norbert Elias et Eric Dunning (<u>Sport et civilisation Elias Norbert, Dunning Eric</u>). Cette pratique des loisirs est non seulement effectuée en dehors des espaces de travail, mais aussi avec un code vestimentaire plus décontracté, un registre de langue différent etc… En somme, l'identité des récréatifs évolue. L'action d'habiter les espaces touristiques et de loisirs s'inscrit donc dans une pratique de multiples lieux. Etre un touriste ou un récréatif c'est donc avoir un habiter polytopique. L'habiter polytopique, désigne un habiter caractérisé par la pratique de lieux multiples. Or, cette pratique a des effets sur le rapport à soi, à l'autre et au nous : les identités personnelles et les identités collectives et les altérités sont reconstruites (<u>Mathis Stock L'hypothèse de l'habiter poly-</u>

topique : pratiquer les lieux géographiques dans les sociétés à individus mobiles.)

Habiter les espaces du tourisme et des loisirs, c'est aussi mobiliser d'autres représentations du monde. À cet égard, concernant la pratique du tourisme, le regard touristique est fondamental. Ce regard touristique est un autre rapport à l'environnement, constitué en curiosité (John Urry The tourist gaze) L'opposition au quotidien est centrale. Ce regard s'intéresse à ce qui est extraordinaire, à l'altérité, à la culture. Ainsi, le touriste habite les espaces touristiques et de loisir en faisant preuve une curiosité bien supérieure à celle qu'il possède lors de sa vie quotidienne, marquée par des activités routinières. Sa curiosité l'amène à pratiquer des lieux qui lui semble remarquables : ce sont les attractions touristiques. Selon Dean MacCannell, n'importe quel lieu peut être une attraction touristique (Dean MacCannel Symbolic Capital Urban Design for Tourism.). Mais le jugement des touristes, notamment par leur regard est souverain quant aux succès des attractions touristiques. Si le regard touristique est clairement une construction sociale, il fonde en retour des pratiques concrètes de l'espace. Ainsi, le succès du Golden Bridge à San Francisco s'explique par la pratique du « sightseeing », c'est-à-dire l'action de marquer sa présence dans un lieu touristique, notamment par la photographie. Le Golden Bridge peut-être un marqueur de l'expérience touristique lors d'un séjour à San Francisco. La popularité du monument s'explique aussi par la large diffusion d'images iconiques. Ainsi, le touriste a vu le pont avant son séjour. Le regard touristique produit donc des effets de reconnaissance.

Le regard touristique favorise donc ce qui est autre. Il peut aussi valoriser ce qui est considéré comme faisant partie de soi. À propos de la Chine, Emmanuel Véron a développé une réflexion autour de l'articulation entre identité, tourisme et nouvelles pratiques dans l'espace rural. Il note que l'espace rural que les citadins chinois partent découvrir est chargé de valeurs dans lesquelles il se reconnait en tant que chinois (Emmanuel Véron Les espaces ruraux touristiques dans le delta du Yangzi, entre intégration ville-campagne et développement rural). Les éléments concrets d'identification sont à la fois la nourriture, le labeur des paysans, la terre. Emmanuel Véron évoque ainsi un tourisme des racines, ayant une dimension religieuse (renouer le lien rituel avec les ancêtres)

Pour autant, du fait de la rupture avec le quotidien, habiter les espaces du tourisme et des loisirs, c'est fondamentalement habiter des espaces autres, pétris d'altérité. En somme, c'est être un outsider. La mobilité permet une distance au rôle social habituel et a comme conséquence d'habiter les lieux touristiques non pas comme insider, mais comme outsider. Cette distinction a été proposée par le géographe Edward Relph (<u>Place and placelessness (1976): Edward Relph</u>) pour établir les différences d'expérience entre différents groupes de population présents dans un lieu. Est outsider celui qui n'a pas un rapport de familiarité ou un sentiment d'attachement aux lieux, ce qui peut lui conférer une liberté, voire une irresponsabilité vis-à-vis de ces lieux. Les lieux construits comme étant autres, empreints d'étrangetés sont habités avec une distanciation, de façon plus autonome par rapport à la pratique du lieu de domicile, car c'est une distance par rapport aux institutions et aux normes sociales habituelles, qui est effectuée.

Le relâchement des normes s'observe de manière spectaculaire dans la pratique des corps. Ainsi, la plage, espace archétypal du tourisme et des loisirs balnéaires, est aussi un lieu où le rapport aux corps est bouleversé : la tolérance de la nudité partielle est ainsi au cœur de la pratique balnéaire, au point que cette pratique constitue presque une norme de cet espace. Plus globalement, la plage est un espace où le corps peut davantage exprimer de la joie, des émotions etc… La plage est aussi un lieu de détente pour le corps (le farniente), mais aussi d'expérimentation (contact de l'eau, surf). Il est aussi au cœur des jeux de séduction. Les touristes procèdent donc à une mise en scène permanente de leur corps, illustrant leur capacité à jouer un rôle.

Ce rôle de touriste ou de récréatif peut être étendu à l'ensemble des espaces du tourisme et de loisirs. Les touristes savent très bien quel rôle on attend d'eux dans un espace touristique. Il s'agit par exemple de la prise photographique devant le monument. Il convient de prendre une bonne allure, souriante et décontractée pour souligner le contexte récréatif du moment. Le monument doit être suffisamment iconique pour être reconnu par le cercle familial et amical, et pris sous un angle de vue favorable. Il y a donc un rôle attendu chez les touristes. Certains jouent là-dessus et jouent un rôle caricatural. Le travail d'Edensor montre cette capacité du touriste à prendre de la distance par rapport au rôle attendu, au Taj Mahal (<u>Tim Edensor Tourists at the Taj: Performance and Meaning at a Symbolic Site </u>) En effet, certains touristes se faisant photographier n'hésitent pas à faire des grimaces grotesques ou à simuler l'ennui sur leurs photos.

Habiter les espaces du tourisme et des loisirs, c'est donc endosser un rôle particulier, avec des représentations et des actions spécifiques. Loin d'être figé, ce corpus de pratiques et de représentations spatiales évolue la mondialisation du tourisme et des loisirs.

Il y avait 1,2 milliards touristes internationaux selon l'OMT en 2015. Mais il y avait aussi plusieurs milliards de touristes domestiques. Ainsi, le tourisme et les loisirs se mondialisent. Les vecteurs de cette mondialisation sont nombreux et originaux et constituent des sources d'inspiration pour les touristes et récréatifs. Ils conduisent ainsi à des situations d'appropriation des formes touristiques jusque-là inconnues, et à leur apprentissage. Habiter les espaces du tourisme et des loisirs, c'est donc aussi faire sien des pratiques et représentations des autres.

La mondialisation du tourisme et des loisirs conduit à une très large diffusion des référents culturels de la culture touristique mondialisée. Cela passe notamment par l'explosion de la presse consacrée au voyage. L'extension internationale de la revue National geographic, à la base américaine, est à ce titre remarquable. En effet, si l'édition américaine existe depuis 1888, ce n'est qu'en 2007 que l'édition chinoise a vu le jour. De manière générale, beaucoup d'éditions étrangères (Brésil, Russie…) datent du XXIe siècle. Or, le succès de cette extension de la revue américaine conduit à une large diffusion des espaces naturels considérés comme iconiques par la culture touristique mondialisée. Les classes moyennes et supérieures des pays émergents, qui concentrent les gros bataillons de touristes internationaux, sont de plus en plus sensibles à cette presse qui diffuse les lieux touristiques qui sont considérés comme à voir.

Les diasporas jouent également un rôle majeur dans la manière d'habiter les espaces du tourisme et des loisirs. Hadrien Dubucs a ainsi mis en lumière le rôle notable de la communauté japonaise à Paris dans la fabrication des spatialités récréatives des touristes japonais à Paris (<u>Hadrien Dubucs Visiter et habiter : les spatialités croisées des touristes et résidents japonais dans la métropole parisienne.</u>). Les pratiques des expatriés nourrissent l'expérience des touristes. Ainsi, les touristes japonais suivent les blogs de certains expatriés pour construire leurs séjours touristiques à Paris. Le blog de Miko, étudiante japonaise de 23 ans à Sciences-po est ainsi largement consulté notamment pour les conseils gastronomiques. Aussi, des expatriés japonais accueillent des touristes japonais dans leur séjour. Cette pratique constitue une articulation originale entre migrations et mobilités touristiques, et contribue à faire converger les spatialités des individus des deux groupes. De manière générale, les visités déploient des efforts notables pour faire découvrir Paris, prenant en charge notamment le choix des lieux de sortie. Cela amène les touristes à découvrir une gamme plus diverse de lieux à Paris, puisqu'ils sortent ainsi des sentiers battus. Alors que dans les guides touristiques destinés aux Japonais, la plupart des attractions avoir à Paris sont concentrés au centre et à l'ouest, les visiter japonais propose aux touristes d'autres lieux à l'est, notamment des restaurants proposant une cuisine du monde.

Pourtant, la mondialisation n'induit pas forcément des dynamiques de mimétisme des habiter. S'il est clair que certains espaces de loisirs (comme la plage) connaissent un succès mondial, il convient de souligner que les sociétés locales s'approprient les manières d'habiter lesdits espaces. Ainsi, Emmanuelle Peyvel a analysé l'appropriation du tourisme balnéaire au Vietnam par les Vietnamiens, en s'appuyant notamment sur l'exemple de la plage de Mui Ne. Elle a pu observer le fonctionnement profondément dual de cette plage, entre d'une part des touristes occidentaux qui utilisaient une partie de cette plage selon les codes classiques de l'Occident et des canons de la culture touristique mondialisée : bronzage au soleil, baignade avec pratiques d'activités nautiques, pique-nique sur la plage… En revanche, pour les Vietnamiens, l'usage de la plage se cantonne à la mer, et non au sable. Ils fuient le soleil, et ne cherchent donc pas à bronzer. La mer est en revanche utilisée comme source de rafraîchissement sans que celle-ci ne soit réellement le support d'activités nautiques. En revanche, l'arrière de la plage est largement utilité à des fins de commensalité et de sociabilité. Les Vietnamiens utilisent largement des halls où ils sont abrités du soleil par des tôles et où mangent et discutent à l'ombre. C'est sous ces halls que sont disposés chaises et hamacs. (<u>Emmanuelle Peyvel Mui Ne (Vietnam) : deux approches différenciées de la plage par les touristes occidentaux et domestiques</u>). Cet exemple souligne donc non seulement la large diversité culturelle des pratiques récréatives de la plage, mais aussi de la nature du mécanisme d'extension d'un habiter récréatif de la plage. En loin, loin d'être un processus de nature diffusionniste, cette extension produit une hybridation des pratiques.

Mais cette extension nécessite aussi un apprentissage. En effet, habiter les espaces du tourisme et des loisirs nécessite la mobilisation d'un large panel de savoirs et savoir-faire. Dans le cadre de la mondialisation, des dynamiques d'apprentissage sont à l'œuvre. Sylvine Pickel-Chevalier et Asep Parantika rappellent qu'en Indonésie, la plage est traditionnellement d'abord le territoire des démons. Cependant, l'expérience touristique et ludique indonésienne du littoral et le rapport au corps qu'elle induit, entre reproduction des pratiques occidentales, usages asiatiques et particularismes culturels et religieux locaux, permettent la fabrication d'un territorial balnéaire récréatif inédit. (<u>Sylvine Pickel-Chevalier et Asep Parantika Expériences touristiques et rapport au corps en Indonésie</u>). Ainsi, les pratiques occidentales de la plage sont reproduites grâce aux touristes occidentaux en visite dans le pays. La classe moyenne indonésienne apprécie ainsi se rendre aux plages les plus connues des Occidentaux de Bali, afin de les observer se baigner. Les jeunes indonésiens sont de plus en plus attirés par la pratique de la baignade. D'ailleurs, prenant acte de cette évolution sociale, le gouvernement indonésien a décidé d'imposer l'apprentissage de la baignade.

Ainsi, habiter les espaces du tourisme et des loisirs, c'est aussi être influencé aux pratiques récréatives qui se font ailleurs. Les apprendre, mais aussi tenter de se les approprier faire pleinement partie du « rôle » du touriste ou du récréatif. L'habiter des espaces du tourisme et des loisirs est donc largement pluriel. Cela est d'autant plus vrai qu'il évolue en permanence.

L'idée d'innover, de sortir des sentiers battus, de découvrir la nouveauté, est au cœur de la culture touristique mondialisée. Dans cette perspective, faire preuve d'originalité est central dans les pratiques des touristes et récréatifs. Ainsi, habiter des espaces du tourisme et des loisirs, c'est pratiquer des lieux toujours plus insolites, éloignés des normes et des centres.

Cette tendance a été mise en évidence par Antoine Delmas, Amina Fellah et Michel Desse dans un article consacré au tourisme au Sahara et au Groenland (<u>Le Saharien et l'Inuit du Groenland. Deux images identitaires pour valoriser des régions touristiques périphériques. Antoine Delmas, Amina Fellah, Michel Desse</u>). Le succès de ces deux destinations tient précisément à leur environnement considéré comme extrême : les codes traditionnels du voyage traditionnel sont renversés. Mais plus que le cadre naturel, l'objet principal du voyage et de la récréation est la rencontre avec les habitants de ces environnements considérés comme rudes. Mais cette attente des touristes conduit à de spectaculaires mises en scène, car les touristes ne non pas en quête de réalité, mais en quête de leur imaginaire et de leurs espérances. Ainsi, au Groenland, l'immersion au cœur du mode de vie d'une famille « typiquement groenlandaise » constitue le point d'orgue du voyage organisé : les touristes se rendent dans un cadre idéalisé, entre maisons typiquement groenlandaises et icebergs, pour contempler des préparations culinaires, à base d'animaux chassés.

Cet exemple montre la « quête spatiale » des touristes et des récréatifs. Ces derniers cherchent l'originalité et l'authenticité dans leurs vacances. Cela conduit à l'échelle mondiale à une extension et à une densification de l'œkoumène touristique. Cette tendance conduit à s'approprier sur le plan récréatif n'importe quel point du globe, quoique sans exclure l'espace proche de chez soi qui peut aussi être récréatif. Ainsi, suite à la crise de 2008, beaucoup d'habitants des pays du nord ont revu leur projet récréatif : plutôt que de partir loin, certains ont décidé de pre ndre leurs vacances chez eux, donnant naissance au phénomène de la staycation (contraction de stay et vacation). Les citadins des grandes métropoles furent particulièrement concernés. Une des activités centrales de la staycation est la découverte de la facette cosmopolite des grandes métropoles, notamment à travers la cuisine. Des magazines ont ainsi relayé ce mouvement.

L'Occident est aussi marqué par un phénomène de mobilité inédit, dont la centralité est la récréation. Ce sont les migrations d'agréments. Ces migrations marquent une rupture dans le rapport à la recréation des individus, dans leur manière d'habiter l'espace. La géographe américaine Laurence Moss (<u>Amenity Migration Transforming Rural Culture, Economy and Landscape 2014</u>) a produit un travail majeur depuis les années 80 pour théoriser les migrations d'agréments. Cette théorisation s'appuyait sur le constat d'un renversement des tendances démographiques dans de nombreux espaces ruraux américains. Ces espaces ruraux gagnent de nouveaux habitants du fait des aménités naturelles qu'ils proposent à des populations de plus en plus sensibles à celles-ci. En partant de l'idée que c'étaient ces aménités qui conduisaient des populations à s'installer dans des régions moins dynamiques sur le plan économique, Laurence Moss a théorisé l'existence de facteurs facilitateurs et motivateurs, permettant l'existence des migrations d'agréments. Les facteurs facilitateurs sont l'amélioration signification des réseaux de transports et de communication ou encore des infrastructures résidentielles, alors que les facteurs motivateurs concernent l'intérêt croissant porté pour la nature, la spiritualité et les loisirs. Ainsi, des espaces ruraux et montagnards occidentaux sont aujourd'hui dynamisés par les opportunités récréatives offertes par leur nature, et ce, même en dehors du tourisme. Cela explique largement la hausse des prix de l'immobilier dans certains espaces ruraux français pourtant relativement éloignés de grands bassins d'emplois, le Lubéron constituant l'exemple le plus remarquable.

Les migrations d'agrément mettent bien en lumière le rôle de plus en plus accru joué par les individus eux-mêmes pour prendre eux-mêmes en charge leur projet récréatif. Cette autonomie qui se renforce induit bien une autre façon d'habiter les espaces du tourisme et des loisirs et peut aller jusqu'à la prise en charge par les récréatifs du lieu lui-même. L'appropriation du col de Porte, non loin de Grenoble par des associations de snowboarder, revendiquant l'appartenance à une culture « underground » est aussi emblématique de la construction ou de la recomposition de hauts-lieux marginaux, reconnus comme centraux par certaines catégories sociales, mais désirant s'inscrire en dehors des normes. En effet, le col de Porte a été investi dans les années 90 par le milieu du skateboard grenoblois. Ce milieu a ainsi construit un snowpark en pratiquant la récupération d'anciens modules abandonnés par des stations de ski. Marqué par la philosophie underground et ses valeurs (le Do it Yourself par exemple), ce snowpark est perçu au sein des pratiquants de snowboards comme empreint par une ambiance différente, du fait de certaines pratiques, comme les sessions nocturnes. (<u>Les leviers de différenciation face à une innovation banalisée en station de montagne : attractivité des snowparks et positionnement des stations. Johanne Pabion Mouriès, Véronique Reynier et Bastien Soulé</u>).

Au-delà de cet exemple d'innovation par un groupe social, c'est bien l'ensemble des touristes et excursionnistes qui gagnent actuellement en autonomie avec la révolution numérique. Cette révolution bouleverse en permanence les modes d'habiter des espaces du tourisme et des loisirs. Les conséquences majeures résident dans une désintermédiation, c'est-à-dire en une perte de pouvoir des agences de voyages pour la réservation du tourisme marchand. La révolution numérique a également eu comme conséquence de nouvelles pratiques touristiques où le partage des expériences par RSN (réseaux sociaux numériques), notamment films et photos (le selfie a été inventé dans les années 2000 Le numérique devient la norme, mais pose aussi la question de la continuité des pratiques quotidiennes (SMS, chat…) pendant les vacances et l'éventuelle remise en cause de la rupture avec un quotidien. Cette dernière tendance permet donc concrètement la dédifférenciation observée entre temps de travail et temps récréatif. Ces pratiques, largement adoptées par les citadins travaillant dans des emplois de service dans les grandes métropoles tend à reconfigurer en profondeur loisirs et tourisme, puisque ces deux champs d'activités se sont d'abord construits en opposition avec le temps productif. Habiter les espaces du tourisme et des loisirs pour sa propre récréation n'est donc pas au XXIe siècle antinomique avec le travail.

Habiter les espaces du tourisme et des loisirs, c'est habiter d'une manière tout à fait autre le monde. En effet, il est indéniable que touristes et excursionnistes endossent un rôle radicalement différent de celui qu'ils ont durant leur temps de production. Ils habitent les espaces avec un regard particulier, fondé sur la curiosité et la recherche de la recréation, et pratiquent des actions qui seraient inadéquates dans tout autre contexte. La posture des corps illustre parfaitement l'extrême originalité de ces pratiques. Mais loin d'être anecdotique, ce corpus de pratiques et représentations est en extension dans le monde. Il se cantonne plus à l'Occident. Pourtant, l'extension n'est pas un phénomène diffusionniste : les sociétés locales qui découvrent tourismes et loisirs tentent de l'approprier, mettant en lumière une dynamique d'apprentissage partiel de l'habiter récréatif. Aussi, habiter les espaces du tourisme et des loisirs n'est nulle part l'adoption d'un mode de vie inchangeable : l'innovation et le goût de l'originalité sont beaucoup trop ancrés au cœur de la culture touristique mondialisée. Ainsi, l'habiter de ces espaces est en perpétuelle évolution : si des invariants demeurent, la soif de découverte de l'altérité des sociétés conduit à des transformations de la recréation.

Extension et densification des espaces du tourisme et des loisirs

Leslie Stephen avait en son temps eu une formule profondément pertinente et prémonitoire lorsqu'il qualifia les Alpes de terrain de jeu de l'Europe. En 2018, entre Grande Randonnée Alpine, conquêtes des faces nord en hiver, sports extrêmes et Ultra-Trail en été, les faits lui donnent mille fois raisons. Le terrain de jeu de l'Europe ne cesse de densifier sa gamme de loisirs. Mais ce qui a changé, c'est que les Alpes ne sont plus le seul produit montagnard offert aux citadins assoiffés d'aventure. De l'Himalaya aux Andes, des Rocheuses aux volcans d'Indonésie, peu de massifs dans le monde échappent à la mise. Dans cette perspective, les espaces du tourisme et des loisirs, connaissent à la fois une extension, c'est-à-dire une prolifération dans l'espace, mais aussi un gain d'importance dans les sociétés, ainsi qu'une dynamique de densification, c'est-à-dire gagnant en densité.

Le tourisme doit s'entendre comme « un système d'acteurs, de pratiques et d'espaces qui participent à la 'recréation' des individus par le déplacement et l'habiter temporaire hors des lieux du quotidien" » (Rémy Knafou et Mathis Stock, "Tourisme", dans Jacques Lévy et Michel Lussault, Dictionnaire de la géographie et de l'espace des sociétés,). Les loisirs se définissent comme l'ensemble des activités récréatives s'exerçant autant dans l'espace local et le temps du quotidien, que dans l'espace-temps du tourisme. Tourisme et loisirs se pratiquent sur des espaces, c'est-à-dire sur des surfaces de l'écorce terrestre.

Aujourd'hui, l'extension des espaces du tourisme et des loisirs semble atteindre l'écoumène humain. Dans le même temps, la densification de ces espaces renforce encore la centralité de ces deux activités au cœur des sociétés. Ces dynamiques traduisent donc une mutation profonde des sociétés humaines : la sphère récréative des individus ne semble plus être quelque chose de périphérique, mais au contraire, central. Le phénomène est à la fois planétaire quoiqu'inégal. En ce sens, on ne peut penser extension et densification des espaces du tourisme et des loisirs sans mobiliser le processus de mondialisation. Dans ce cas, en quoi l'extension et la densification des espaces du tourisme et des loisirs constituent deux dynamiques inhérentes à la mondialisation, plaçant les activités récréatives au cœur des sociétés ? En quoi ces deux dynamiques, loin de produire un espace planétaire récréatif uniforme, génèrent au contraire un monde du tourisme et des loisirs profondément hiérarchisé, reflet des disparités produites par la mondialisation ?

L'écoumène touristique est à la fois en extension et connaît un mouvement de densification. Le causes de ces dynamiques sont liées à la mondialisation, qui renforce les liens entre les espaces et les sociétés du monde entier, permettant la construction d'un imaginaire touristique plus ou moins partagé.

Il y avait 1,2 milliard de touristes internationaux en 2015, et plusieurs milliards (le chiffre réel est inconnu) de touristes domestiques en 2015. Ces chiffres illustrent à quel point le tourisme est un fait de première importance. Mieux, le phénomène est aujourd'hui mondial : jamais autant la carte du tourisme n'a été aussi multipolaire qu'aujourd'hui : le temps d'un monde touristique centré sur l'Occident est révolu. L'Asie de l'est constitue actuellement le foyer d'émetteurs le plus dynamique, aussi bien sur le plan international qu'au sein des périmètres nationaux. En dehors de cette région et de l'Occident, le tourisme demeure encore un phénomène marginal, quoiqu'en progression.

Ainsi, les espaces du tourisme et des loisirs sont en extension. L'écoumène touristique se confondrait ainsi avec l'ensemble de l'étendue terrestre. Presque tous les pays du monde proposent des espaces dédiés au tourisme international, avec des musées, hôtels, restaurants… Paradoxalement, les pays non identifiés comme touristiques font l'objet de promotions, pour pratiquer un tourisme « hors des sentiers battus ».

Cette extension des espaces du tourisme se traduit par une mise en tourisme de l'espace des sociétés. Cette mise en tourisme prend une tournure spectaculaire dans les régions du monde où tourisme et loisirs sont en pleine expansion. En Chine, par exemple, l'extension du tourisme peut se lire à travers l'explosion du nombre de sites labellisés au sein de la catégorie « zones d'intérêt paysager et des lieux célèbres », classant des sites ruraux ou de montagne. La première liste fut publiée en 1982, avec 44 sites labellisés. Jusqu'en 2012, huit listes au total sont établies avec 225 lieux labellisés, dont 111 sont localisés en montagne par l'administration nationale du tourisme de Chine (<u>La mise en tourisme de la montagne en Chine: l'importance des représentations paysagères Yuejiao Wang</u>). De manière générale, l'espace rural chinois situé à proximité des métropoles est investi de nouvelles représentations, qui l'amène à devenir un espace touristique ou de loisirs. Emmanuel Véron a développé une réflexion autour de l'articulation entre identité, tourisme et nouvelles pratiques dans l'espace rural. Il note que l''espace rural que les citadins chinois partent découvrir est chargé de valeurs dans lesquelles il se reconnait en tant que chinois (<u>Les espaces ruraux touristiques dans le delta du Yangzi, entre intégration ville-campagne et développement rural. Emmanuel Véron</u>.). Dans la périphérie rurale de Shanghaï, la nature est aménagée afin de correspondre à une image archétypale qui conviendra au citadin de la grande métropole, qui pratique cet espace sur son temps libre. Ainsi, l'île de Chongming, située dans le delta du Yangzi est particulièrement appréciée pour ses zones humides, ses forêts luxuriantes, mais aussi ses cultures maraichères et ses rizières. Une de ses attractions est le village reconstitué de Qianwei. Ainsi, l'habitant de Shanghaï peut retrouver dans un cadre naturel préservé, une campagne chinoise idéalisée et esthétisée par les aménités naturelles du site.

L'extension et la densification des espaces du tourisme et des loisirs s'appuient aussi sur l'expansion permanente du spectre des loisirs. Or, les loisirs se fondent sur une gamme toujours plus large de caractéristiques naturelles : ainsi, le tourisme balnéaire induit la mise en tourisme des littoraux, le ski provoque l'aménagement de la montagne, le tourisme culturel (monuments, musées), valorise les villes, et le tourisme vert, les grandes étendues naturelles, riches en biodiversité. Même les marges de l'oecoumène humain sont mises en tourisme. Cette tendance a été mis en évidence par Antoine Delmas, Amina Fellah et Michel Desse dans un article consacré au tourisme au Sahara et au Groenland (<u>Le Saharien et l'Inuit du Groenland. Deux images identitaires pour valoriser des régions touristiques périphériques. Antoine Delmas, Amina Fellah, Michel Desse</u>). Mais plus que le cadre naturel, l'objet principal du voyage et de la récréation est la rencontre avec les habitants de ces environnements considérés comme rudes. Mais cette attente des touristes conduit à de spectaculaires mises en scène, car les touristes ne non pas en quête de réalité, mais en quête de leur imaginaire et de leurs espérances. Ainsi, au Groenland, l'immersion au cœur du mode de vie d'une famille « typiquement groenlandaise » constitue le point d'orgue du voyage organisé : les touristes se rendent dans un cadre idéalisé, entre maisons typiquement groenlandaise et icebergs, pour contempler des préparations culinaires, à base d'animaux chassés. Cette formidable extension du tourisme qui n'est n'épargne aucune région de la terre fait écho à une réflexion de l'anthropologue Dean MacCannell qui soulignait que tout espace pouvait potentiellement être touristique.

L'extension complète ou quasi-complète des espaces du tourisme et des loisirs amène à porter une attention renouvelée au phénomène de la densification : dans cette perspective, les sites touristiques, infrastructures et attractions seraient de plus en plus nombreux dans les régions déjà touristifiées. Cette dynamique est évidente dans les métropoles : beaucoup d'acteurs métropolitains, bien conscients du nouveau contexte économique lié au *recretionnal turn* (<u>La double révolution urbaine du tourisme par Mathis Stock et Léopold Lucas</u>) étendent sans cesse la gamme de loisirs possible dans leur métropole. Ainsi, pour compléter l'offre culturelle de Rome, le ministère de la culture italien a soutenu la création d'un musée d'art contemporain, le MAXXI, jouant ainsi la carte du renouvèlement de l'image de cette destination, très identifié pour ses vestiges et musées historiques. De même, la station d'Avoriaz en Haute-Savoie a vu l'ouverture d'une « bulle tropicale » reproduisant l'ambiance d'un lagon en pleine montagne. L'idée est de concilier sur un même lieu les sports d'hiver et les loisirs balnéaires. Pourtant, la stratégie de la densification a aussi des échecs. Dans la foulée du succès du musée Guggenheim à Bilbao, les autorités municipales d'Avilès dans les Asturies, ont tenté de reproduire la même formule avec le centre culturel international qui a provisoirement fermé en 2011, suite à des résultats de fréquentation décevants.

Si l'extension et la densification du tourisme constituent des phénomènes majeurs, il convient de souligner la persistance de régions quasiment dénuées d'activités touristiques. Il s'agit principalement des zones de guerre (Irak, Afghanistan, Centrafrique), de petits pays souffrant d'un large déficit de notoriété (Belize, Surinam…), ou de régions très peu peuplées (vastes étendues de la Sibérie éloignées des centres urbains ou du transsibérien)

L'extension et la densification des espaces du tourisme et des loisirs sont la conséquence d'une combinaison de facteurs.

La mondialisation, en tant qu'ensemble des processus (socioéconomiques, culturels, technologiques, etc.) facilitant la mise en relation des sociétés du monde entier, joue un rôle majeur dans l'extension et la densification des espaces du tourisme et de loisirs dans le monde. La mondialisation agit de manière plurielle : sur le plan politique, la mise en relation des sociétés est facilitée par des accords sur les mobilités humaines. Plusieurs espaces de libre-circulation facilitent ainsi la mobilité des touristes, à l'instar de l'espace Schengen en Europe. Les citoyens membres de ces pays peuvent aisément circuler, sans visa. Une telle facilité constitue ainsi un vecteur de la densification des espaces du tourisme en Europe : elle permet notamment certains pays européens à se développer des infrastructures touristiques d'une ampleur bien supérieure à la demande de leur marché domestique. À ce titre, l'Espagne constitue un exemple remarquable. En effet, elle émerge comme une destination privilégiée pour les citoyens de l'espace Schengen (Allemands notamment) et du Royaume-Uni. De grandes stations balnéaires (Bénidorm, Ibiza, Lloret de Mar) visent ainsi cette clientèle européenne. Ces stations connaissent aussi des extensions. Située en Costa Dorada, dans la province de Tarragone, la station balnéaire de Salou étoffe sa gamme de parcs d'attraction : outre le parc Port Aventura, un parc à thèmes en 2017 sur les Ferrari a vu le jour. Une telle extension s'appuie sur la clientèle européenne de plus en plus nombreuse. Outre les facilités de circulation, la monnaie commune (l'Euro) ou les axes de transport (routier, ferroviaire, aérien) stimulent aussi le développement des espaces du tourisme.

La mondialisation induit aussi la circulation de référents culturels : une culture touristique mondialisée émerge. Cela passe notamment par l'explosion de la presse consacrée au voyage. L'extension internationale de la revue *National geographic*, à la base américaine, est à ce titre remarquable. En effet, si l'édition américaine existe depuis 1888, ce n'est qu'en 2007 que l'édition chinoise a vu le jour. De manière générale, beaucoup d'éditions étrangères (Brésil, Russie…) datent du XXIe siècle. Or, le succès de cette extension de la revue américaine conduit à une large diffusion des espaces naturels considérés comme iconiques par la culture touristique mondialisée. Les classes moyennes et supérieures des pays émergents, qui concentrent les gros bataillons de touristes internationaux, sont de plus en plus sensibles à cette presse qui diffuse les lieux touristiques qui sont considérés comme à voir.

La production de référents culturels communs, partagés dans le monde entier, passe aussi par des reconnaissances symboliques, à l'instar le patrimoine mondial de l'UNESCO. Comme l'a montré Olivier Lazzarotti (<u>Patrimoine et Tourisme. Oliver Lazzarotti</u>) Il existe un lien étroit entre patrimoine et tourisme, désormais à l'échelle du monde. En 2014, 9 pays figurant parmi les 10 premières destinations mondiales sont également représentés parmi les 10 pays les plus « sités » du point de vue du nombre de sites inscrits sur la liste du patrimoine de l'UNESCO. Ainsi, l'UNESCO constitue donc un important vecteur d'extension et de densification des espaces du tourisme et des loisirs dans le monde. Cela est d'autant plus vrai que l'UNESCO poursuit une stratégie de classement non seulement de plus en plus mondialisée (moins centrée sur l'Europe notamment), tout en agrandissant les périmètres de ce qui peut être un patrimoine. L'exemple du classement du centre-ville de la ville du Havre construit par Auguste Perret est de ce point de vue exemplaire. Après Brasilia en 1983 et Tel- Aviv en 2003, le centre reconstruit du Havre est le troisième ensemble architectural du XXe siècle à obtenir le label UNESCO en 2005 et le premier en Europe. Il est aussi et peut-être surtout le premier ensemble architectural d'une ville reconstruite à se voir décerner une telle distinction. Ce fait est d'importance et montre la dynamique patrimoniale qui anime les sociétés contemporaines avec une reconnaissance permanente de nouvelles architectures et constructions qui deviennent des patrimoines. Cela participe à une densification des espaces du tourisme en France et en Europe.

Enfin, densification et extension des espaces du tourisme et de loisirs dans le monde sont aussi tout simplement une réponse à la massification de ce phénomène. Cette massification, déjà ancienne en Europe et en Amérique, est largement à l'œuvre en Asie.

Elle explique pourquoi la Chine ne devrait pas tarder à devenir la première destination touristique mondiale. L'apparition d'une classe moyenne dans les pays asiatiques induit ainsi le développement du tourisme international : la production de nouveaux espaces touristiques et de loisirs constitue une réponse à cette massification.

Cette massification n'empêche pas un renouvèlement constant des formes du tourisme. En effet, la recherche de l'innovation est au cœur de la culture touristique mondiale. Ainsi, les touristes, du fait du caractère éclectique de leur goût, poussent à la construction de nouveaux lieux touristiques.

L'extension et la densification des espaces du tourisme et des loisirs à l'échelle mondiale n'ont guère entraîné un monde uniformément touristique. Au contraire, l'écoumène touristique est très fortement hiérarchisé, marquée par des pôles dominants, et structuré par des champs touristiques bien délimités.

La hiérarchie des destinations en termes de nombre de visiteurs, de nuitées et de richesses générées place en premier les métropoles les plus importantes. Des « *global cities* », telles que Paris. Londres, New York Rome. Los Angeles, Shanghai, pékin, mais aussi des villes touristifiées telles que Las Vegas, Macao, Venise, et des métropoles touristiques comme Berlin, Barcelone, Athènes ou Istanbul. Toutes concentrent plus de 20 millions de nuitées par an consommées par des visiteurs provenant du Monde entier. La domination des métropoles déjà par leur très forte densité d'attractions. Elles ont ainsi accumulé au cours de l'histoire un capital symbolique (œuvres d'art dans les musées, châteaux, monuments), qui facilite la production d'espaces touristiques. Elles concentrent aussi des équipements et des acteurs de la culture, ce que l'on peut appeler la « classe culturelle » ou la classe créative (Richard Florida, The rise of creative class).

Pour des acteurs professionnels du tourisme et des loisirs, les métropoles constituent une catégorie d'espace fondamentale pour leur expansion. C'est par exemple le cas de la firme Las Vegas Sand Corporation. Cette firme est l'une des principales sociétés nord-américaines dans le secteur du jeu, des conventions, de l'hôtellerie et du divertissement. Elle s'est développée ces 10 dernières années à Macao et à Singapour, en répliquant un modèle de resort surtout le front asiatique qui entoure la Chine. À Singapour, le resort Marina Bay Sands comprend trois hôtels, et un casino avec plus de 1000 tables de jeux. L'attraction phare est une piscine située sur une plateforme sur les trois hôtels. L'ensemble monumental est visible depuis de nombreux points de Singapour, si bien qu'il participe aujourd'hui à l'identité visuelle de la métropole asiatique (Néolibéralisme, mondialisation de l'industrie du jeu et création d'espaces urbains. Réflexion à partir de la stratégie globale de Las Vegas Sands Corporation. Salvador Anton Clavé et Nacima Baron.). Il constitue en outre l'une des principales centralités de loisirs de la cité-État. Aussi, le groupe américain cherche à se renforcer en Chine, notamment à Macao, où c'est l'intégration avec le monde du luxe qui a constitué l'axe stratégique majeur d'ancrage : le gratte-ciel The Venetian construit par la compagnie comprend ainsi de nombreuses allées accueillant des boutiques de luxe. Le loisir du casino est donc aussi bien partagé à Las Vegas, Singapour ou Macao.

Singapour et Macao émergent comme des nœuds fondamentaux du tourisme international. Dans ces métropoles, l'offre de loisirs et de services touristiques tend à se densifier. Elles ont en outre une très forte mondialité, entendue ici comme la dimension mondiale d'une réalité sociale. Dans cette perspective, Dubaï constitue l'espace archétypal à forte mondialité touristique, située très haut dans la hiérarchie du tourisme mondial. La mutation architecturale de Dubaï (incarnée par la verticalité de ses constructions ou encore ses aménagements en cartes géographiques, comme The World), couplée à la stratégie d'ouverture culturelle défendue par l'émir (accueil d'un musée du Louvre en 2017, présence d'un musée Guggenheim) et à la promotion d'un hub aéroportuaire d'importance mondiale, tend à faire de la métropole une centralité majeure sur le plan récréatif. La destination émerge depuis quelques années comme un pôle pour le tourisme de luxe.

Après les grandes métropoles, les stations touristiques mondiales constituent de grands pôles structurant l'espace touristique mondial. Cependant, les grandes stations dont le capital symbolique est reconnu à l'échelle mondiale, sont rares : Aspen, Cannes, Chamonix, Saint-Moritz, Saint-Tropez. La force de ces stations touristiques est de s'appuyer sur un mythe qui s'est construit à partir une histoire particulièrement riche et identifiée comme telle par les touristes. Dans le cas de Cannes, le rôle du festival et du prestige associé est majeur. Bâtir une telle notoriété prend du temps, même si des stations parviennent parfois à émerger très rapidement, à l'instar de Dubrovnik, rendue populaire par la visite de grandes stars d'Hollywood, ou par le tournage de la série Game of Throne.

Si les stations de notoriété mondiale sont rares, en revanche, des stations d'envergure continentales ou nationales, sont nombreuses. Ainsi, les classes moyennes sud-américaines vont skier à Portillo (Chili) ou encore à Bariloche (Argentine). De même, les touristes états-uniens plébiscitent largement pour leurs vacances à la mer, des stations des États-Unis (Atlantic City, stations de la Floride ou de la Californie) ou des pays alentours (Cancun, Punta Cana…). Cette logique montre bien que l'extension et la densification des espaces du tourisme et des loisirs se fait d'abord à travers des logiques de régionalisation.

Certes, il existe des hauts-lieux mondialisés (les grandes métropoles), mais le développement des espaces du tourisme se fait d'abord dans un cadre régional. Ainsi, si les touristes internationaux parcourent bel et bien tous les continents, 80% de ces déplacements restent confinés dans leur espace régional d'origine. Ainsi, la hiérarchie spatiale du tourisme issue de l'extension et de la densification des espaces du tourisme doit prendre en compte cette logique de régionalisation.

Au-delà des grandes stations (internationales ou régionales) et des métropoles, les espaces du tourisme et des loisirs ont une répartition beaucoup plus diffuse, bien qu'en voie de densification. Ce sont notamment les espaces ruraux, qui constituent ainsi des périphéries récréatives des grands pôles métropolitains, plutôt destinés aux touristes domestiques.

À une échelle plus fine, le tourisme s'ouvre aussi à des marges. Les favélas constituent sans doute l'exemple le plus récent et le plus édifiant de ces lieux à priori en situation de relégation et qui contribuent pourtant depuis quelques décennies à enrichir la palette des lieux fréquentés par les touristes. Appelé « slum tourism » est particulièrement développé suite à la sortie et au succès mondiaux du Slumdog millionnaire dans lequel Dharavi est un « lieu du Monde mis en spectacle pour le Monde ». La mise en tourisme des bidonvilles a été lancée dans les années 1990 à Rio de Janeiro. À l'initiative d'un professionnel du tourisme, Marcelo Armstrong, qui créa Favela Tour, agence dédiée à la visite des tavelas et surtout à la plus grande d'entre elles , Rocinha l'agence est intégrée au lieu en reversant une partie importante du coût de la visite à « divers corps intermédiaires : associations, ONG et gangs vivant du trafic de drogue ». Ainsi, les lieux de la relégation peuvent devenir de nouvelles centralités.

Le tourisme et les loisirs prennent une place de plus en plus centrale dans les sociétés humaines. Spatialement, cela se traduit donc par une extension et une densification des espaces du tourisme et des loisirs. Ces deux phénomènes se produisent de manière remarquable, de l'échelle mondiale à celle de la métropole et sont l'un des produits de la mondialisation. Pourtant, si les activités récréatives sont en train de conquérir le monde et de générer de nouveaux espaces touristiques et de loisirs, la hiérarchie entre lieux et espaces touristique demeure : la récréation des individus a ses hauts-lieux incontournables et ses périphéries originales. Ainsi, l'espace des sociétés n'est guère mis en tourisme de manière homogène. Enfin, les processus analysés ici se poursuivent encore

Bibliographie

ARNOULD, Paul. *La nature a-t-elle encore une place dans les milieux géographiques ?* Publications de la Sorbonne, 2005.

BEAUDET, Gérard. *Les hyperéquipements du tourisme de Bath à Dubaï.* Téoros. Revue de recherche en tourisme, 2008, vol. 27, no 27-2, p. 5-15.

BESSY, Olivier. *Innovations événementielles et structuration des destinations touristiques. Pour une hybridation des approches : l'exemple de l'Ultra-Trail du Mont-Blanc.* Mondes du Tourisme, 2016, no Hors-série.

BÉTEILLE, Roger. *Le tourisme vert.* Presses universitaires de France, 1996.

BLONDY, Caroline. *Le tourisme, un facteur de développement durable des territoires insulaires tropicaux ? Tourisme, aménagement, environnement et société locale à Bora Bora (Polynésie française).* Mondes du Tourisme, 2016, no Hors-série.

BLONDY, Caroline, BERNARD, Nicolas, et DUHAMEL, Philippe. *Tourisme et périphéries, la centralité des lieux en question.* Presses Universitaires de Rennes 2017.

BOUCHON, Frédéric. *Kuala Lumpur, métropolisation et mondialisation au risque du tourisme : enjeux et perspectives.* 2012. Thèse de doctorat. Toulouse 2.

CABASSET, Christine. *La culture, comme ressort de la diffusion touristique dans l'archipel indonésien.* Études caribéennes, 2008, no 9-10.

CARROUÉ, Laurent. *La France: les mutations des systèmes productifs.* Armand Colin, 2013.

CHEVALIER, Pascal. *Bases économiques et développement rural en République Tchèque.* L'Information géographique, 2009, vol. 73, no 3, p. 6-22.

CLARIMONT, Sylvie et VLÈS, Vincent. *Les contestations sociales du développement touristique dans les Hautes-Pyrénées: le rendez-vous manqué de l'innovation territoriale?.* Journal of Alpine Research | Revue de géographie alpine, 2016, no 104-1.

COËFFÉ, Vincent. *Hawai : la fabrique d'un espace touristique.* Presses universitaires de Rennes, 2016.

CORNELOUP, Jean et PERRIN, Clémence. *Processus de développement des loisirs sportifs en Auvergne.* Revue d'Auvergne, 2009, no 590-591, p. 215-232.

DASCON, Juhane. *D'une ressource à l'autre en terre chagga : paysannerie et tourisme au Kilimandjaro.* Les Cahiers d'Outre-Mer. Revue de géographie de Bordeaux, 2006, vol. 59, no 235, p. 323-346.

DAVEZIES, Laurent. *La République et ses territoires. La circulation invisible des richesses.* Lectures, Les livres, 2008

DEHOORNE, Olivier. *Les petits territoires insulaires : positionnement et stratégies de développement.* Études caribéennes, 2014, no 27-28.

DEPRAZ, Samuel. *Géographie des espaces naturels protégés.* Armand Colin, 2008.

DUHAMEL, Philippe et KNAFOU, Rémy. *Le tourisme dans la centralité parisienne. La métropole parisienne. Centralités, inégalités, proximités,* 2007, p. 39-64.

EDENSOR, Tim. *Tourists at the Taj: Performance and meaning at a symbolic site.* Routledge, 2008.

ELIAS, Norbert, DUNNING, Eric, CHICHEPORTICHE, Josette, *et al. Sport et civilisation: la violence maîtrisée.* Paris, Fayard, 1998.

FABRY, Nathalie, PICON-LEFEBVRE, Virginie, PRADEL, Benjamin, et al. *Narrations touristiques et fabrique des territoires. Quand tourisme, loisirs et consommation réécrivent la ville.* L'Œil d'or, 2015.

FEENEY, Patricia. *Accountable aid: Local participation in major projects.* Oxfam, 1998.

FLORIDA, Richard. *The Rise of the Creative Class: The Flight of the Creative Class.* Basic books, 2005.

FURT, Jean-Marie et TAFANI, Caroline. *Tourisme et insularité : la littoralité en question(s).* KARTHALA Editions, 2014

GAY, Jean-Christophe. *Tourisme, politique et environnement aux Seychelles.* Revue Tiers Monde, 2004, no 2, p. 319-339.

GEAY Thierry, GILBERT Axel, *PNR du Vercors : entre tourisme et périurbanisation.* 2016, Insee Analyses Auvergne-Rhône-Alpes N° 7

GORMSEN, Ermann. *The spatio-temporal development of international tourism, attempt at a centre-periphery model.* Aix-en–Provence, CHET, 1981, p. 150-170.

GRAVARI-BARBAS, Maria et FAGNONI, Edith. *Métropolisation et tourisme. Comment le tourisme redessine Paris.* Paris, Belin Collection Mappemonde 2013.

HERITIER, Stéphane, LASLAZ Lionel (coord.), *Les parcs nationaux dans le monde*. Paris, Ellipses, 2008

KAYSER, Bernard. *La renaissance rurale : sociologie des campagnes du monde occidental*. Paris : Armand Colin, 1990.

KNAFOU, Rémy. *L'invention du lieu touristique : la passation d'un contrat et le surgissement simultané d'un nouveau territoire*. Revue de géographie alpine, 1991, vol. 79, no 4, p. 11-19.

JACQUEMET, Étienne. *De la fabrique des héros à la fabrique du territoire, le cas du Solukhumbu dans la région de l'Everest, Népal*. Héros, mythes et espaces, p. 83.

LAGEISTE, Jérôme. *La plage, un objet géographique de désir*. Géographie et cultures, 2008, no 67, p. 7-26.

LAZZAROTTI, Olivier. *Tourisme et patrimoine, Histoire, lieux, acteurs et enjeux*. Paris, Belin, 2011.

LEICESTER, Timothy. *Conflits et enjeux identitaires dans le tourisme rural à Yangshuo, Chine*. Civilisations. Revue internationale d'anthropologie et de sciences humaines, 2008, no 57, p. 223-241.

LÉVY, Jacques et LUSSAULT, Michel. *Dictionnaire de géographie et de l'espace des sociétés*. La Documentation Française, 2013.

MACCANNELL, Dean. *Symbolic Capital: Urban Design for Tourism*. Journeys, 2000, vol. 1, no 1, p. 157-182.

MARTIN, Niels, BOURDEAU, Philippe, et DALLER, Jean-François. *Migrations d'agrément: du tourisme à l'habiter*. Editions L'Harmattan, 2012.

MOLSTAD, Arild. *Où partir avant qu'il ne soit trop tard: compte à rebours pour un tourisme responsable*. La Découverte, 2009.

MOSS, Laurence AG et GLORIOSO, Romella S. *Global amenity migration: Transforming rural culture, economy & landscape*. New Ecology Press, 2014.

PABION MOURIÈS, Johanne, REYNIER, Véronique, et SOULÉ, Bastien. *Les leviers de différenciation face à une innovation banalisée en station de montagne: attractivité des snowparks et positionnement des stations*. Mondes du Tourisme, 2016, no 11.

PAQUIN, Alexandra Georgescu. *Innover pour actualiser. Le musée de l'Ara Pacis à Rome*. Actes de la 16e Assemblée générale de l'ICOMOS. Québec, 2008.

PARANTIKA, Asep, PICKEL-CHEVALIER, Sylvine. *Expériences touristiques et rapport au* *corps sur les littoraux en Indonésie. Le Tourisme comme expérience. Regards interdisciplinaires sur le vécu touristiqu*e, Presses de l'université du Québec, 2015, p. 197-202.

PEARCE, Douglas G. *An integrative framework for urban tourism research.* Annals of tourism research, 2001, vol. 28, no 4, p. 926-946.

PERLIK, Manfred Rudolf. *Gentrification alpine: Lorsque le village de montagne devient un arrondissement métropolitain.* Revue de géographie alpine/Journal of Alpine Research, 2011, vol. 99, no 99-1.

PEYVEL, Emmanuelle. *Mui Ne (Vietnam): Deux approches différenciées de la plage par les touristes occidentaux et domestiques.* Géographie et cultures, 2008, no 67, p. 79-92.

RELPH, Edward. *Place and placelessness.* Londres, Pion. 1976.

ROSSI, Georges. *L'ingérence écologique.* Paris, CNRS éditions, 2000.R

ROUX, Emmanuel, VOLLET, Dominique, et PECQUEUR, Bernard. *Coordinations d'acteurs et valorisation des ressources territoriales. Les cas de l'Aubrac et des Baronnies.* Économie rurale. Agricultures, alimentations, territoires, 2006, no 293, p. 20-37.

RWANYIZIRI, Gaspard. *Les aires protégées à l'épreuve de la pression démographique et de la pauvreté. Le cas du Parc National des Volcans (Rwanda).* Development, 2008, vol. 1, no 4, p. 17-28.

SAVELLI, Nicolas. *Géopolitique touristique d'un «bout du monde». le développement territorial du Valgaudemar en questions.* Journal of Alpine Research| Revue de géographie alpine, 2012, no 100-2.

SIMON, Anthony. *Itinéraire d'une plage méditerranéenne: Argelès-sur-Mer.* Géographie et cultures, 2008, no 67, p. 113-124.

STOCK, Mathis. *L'hypothèse de l'habiter poly-topique: pratiquer les lieux géographiques dans les sociétés à individus mobiles.* EspacesTemps.net, 2006, vol. 26, no 02, p. 2006.

STOCK, Mathis et LUCAS, Léopold. *La double révolution urbaine du tourisme.* Espaces et sociétés, 2012, no 3, p. 15-30.

STOCK, Mathis, COËFFÉ, Vincent, et VIOLIER, Philippe. *Les enjeux contemporains du tourisme : une approche géographique.* Presses Universitaires de Rennes, 2017.

TYLER, Duncan, GUERRIER, Yvonne, et ROBERTSON, Martin. *Managing tourism in cities: policy, process, and practice.* John Wiley & Sons, 1998.

URBAIN, Jean-Didier. *L'idiot du voyage : histoires de touristes.* Payot, 2002.

URRY, John. *Tourist Gaze: Leisure and Travel in Contemporary Societies (Theory, culture & society).* Sage publications, 1990.

VÉRON, Emmanuel. *Les espaces ruraux touristiques dans le delta du Yangzi, entre intégration ville-campagne et développement rural.* EchoGéo, 2013, no 26.

WANG, Yujiao. La mise en tourisme de la montagne en Chine: l'importance des représentations paysagères. Eso, travaux & documents, 2017, n° hors-série.

Pour contacter l'auteur : auguste.seigle@gmail.com